林祖藻　主編

明清科考墨卷集

第十一冊

卷三十一
卷三十二
卷三十三

蘭臺出版社

第十一冊　卷三十一

仕非為貧　一節　　吳鴻

與為貧者言仕事固有不得已者也夫為貧而仕豈事之常而有
將無出此者與娶妻同一例也孟子亦豈禁貧者廢仕哉今衆先
手如白去兩
王選賢擧能之大法而借而貧之僅為一ゝ人自便之圖君子謂
然有衰世之感已雖然士生三代後有得已而不已者即有不得
名貴
已而竟已者君子綜常變之交以立說則先王之法固未始不兼
此等人不
介儒者之情爾今夫仕道之雜也豈天下之細故哉而吾以為皆
敢下恨大如其
由于貧而仕者夫為貧而仕非古也古者井田學校之制大行苟
神味雋永
非游情無歸皆得以耕鑿享太平之福其貧也者必其有以貧者

也而轉設之途以收其類先王不若是之愚古者鄉舉里選之典不廢凡夫書升秀士皆得自朝廷分祿稍之榮其貧也者必其止可貧者也而轉高其格以廣為羅先王不若是之愕乃至于今而仕者竟為貧設矣草鄙之家厚得貲財輒栩栩然夸耀而一經卒業之士樵項黃馘朝不給夕頭猶有說曰仕嗟乎仕果為此也將視朝廷上爵詔祿懸為斯人勉強慰藉之數而但有貧者則居然多之不驚則既大失乎古聖賢出仕之心而亦長天下貧賤驕人之漸原夫仕道詎為此哉雖然事固有未可一致論也且夫榮悴命也炎涼遇也士苟有志自不肯以升斗亂人心君子固窮言

有駭乎其言之

淋漓宕健

清遠

8 ○仕非為貧　全章　何喬雲

仕以道重大賢以耻惕其心焉夫仕以行道也豈僅為貧哉孟子之惕其心予耻者嚴己且人自功名念重而廉耻漸輕則躬承斯道之責者安得不起而正之哉士君子不能服官行道而退居下位惟恐一日隕越以速官謗安有處可為之勢居得為之時而漠然一無所為者也可以為有道之士乎哉且仕何為乎將以尽吾之職也將以献吾之言也將以行吾之道也苟非然者為貧而已耳今天下祿祿求合奔走闕下以期一得而進身之可否有弗惜也嗟乎是殆為貧者乎夫仕以貧為名則是貧得無歉以君為利藪者也否則浚民之膏以肥其身者也否則全軀保妻子以失其富厚為慮者也尊且以

為未發而何有于畢富且以為未足而何有于貧仕至今日尚何言哉故仕斷非為貧也使為貧則必如孔子而後可夫孔子大聖人也假令當日之君予之國柄入告惟勤大猷日著道之行也不須時耳又何至以委吏乘田執執自守哉竊嘗觀世之仕者矣或伏處好修入官易其素履或動輒畏罪緘默自以為高或持祿養交庸庸一無所事或佐天子出令而不聞厚澤深仁遍加下土問其位則曰相臣也問其祿則曰上大夫之秩也問其政則曰我不知也行道之士果如是乎哉且其意不在道借一日之崇高以陰遺其厚利恃大君之寵固以自便其身固此其人与世浮沉寡廉鮮恥者也不恤輕朝廷而蓋當世之士耶嗟乎荷托維艱不能致君大道不忠孰居輔弼侶

幸不先不順元元豈不蒙休四海弗聞歌誦不仁斥群臣之諫諍以常保其久安無礼中外刺譏而猶蒙蓋朝寧不思引身自退不智日滋物議以招致舉口之攻不能改轍易行深悔前愆不義嗚乎可不

總甲二句只作贊

謂恥乎夫越職而言猶且罪之乃身為大臣任其道之不行而莫之

況不為[illegible]句[illegible]

須也又何須立于朝哉則仕非為貧斷斷如矣蓋治國猶治家也苟

補述安嬰力[illegible]然[illegible]不[illegible]

為卿相者不能事君行道為世指摘則主中饋之不如矣可不懲哉

通章主意只尹鮭二語括盡大約為為貧而仕者說法正是其不輕怨立朝而道不行一舉耳後以攻擊辨難體行文一往皆綿亘停蓄之氣而篇勢部倍是精警峭拔喚醒筆墨殆已直逼潮州正非獨用其字句已也

仕非為貧　全　　狄億

為貧必擇其宜重仕也夫為貧則仕似輕矣然必擇其宜而居之者何心耶所以重仕也立賢人君子之處于世仕與不仕而已矣有欲仕不可不仕不能以不可仕之心迫于不能不仕之勢此出處所以兩難也夫惟外聽乎勢之所迫而中不失其心之所安則不得已而仕亦自有義之宜者存焉今夫仕非為貧也而為貧而仕往往有之猶夫娶妻而有時為養云爾所謂迫之以不能不仕之勢也何則士而貧也其身之溺于飢寒而仰無以事俯無以育也傷已將求老農老圃而為師自棄于工賈不廉之地而後可以給衣食養孤窮耶抑

文情窈冒

又甚矣強其力之所不堪而喪失其所以自立無已寧餬其口于仕雖處之以抱關擊柝而不辭若是者非得已也勢也當其時設有過

九疑奇峭亦復奇險　水云常峰

而誦之者曰吾子誦法先王而為人抱關柳何不自喜之甚也為貧者將無愧耶柳有過而奇之者曰是抱關者其材任為公卿由是爵之以公卿之尊祿之以公卿之富而不惜也為貧者將無受耶不知抱關擊柝固彼所擇而居之者也如此則宜不如此則不宜也昔者孔子大聖委吏乘田至卑且賤而孔子嘗為之豈不有宜于委吏乘田者耶會計當牛羊茁壯長職易稱焉宜矣司會計則言會計司牛羊則言牛羊罷不及焉宜矣為貧而抱關是亦孔子之家法也雖然

一氣圍結醒洽處

猶不仕也何也彼未嘗一日立人之本朝也抱關擊柝廼乎不能不仕之勢也未嘗一日立人之本朝無失其不可仕之心也今夫君子之仕豈誠有利于己哉守先王之道不忍獨善其身而思以兼濟天（大放厥辭）下也是故內度之己外度之人曰吾君能忘己而任我乎吾相能虛己以聽我乎主德可成而民生可遂乎井牧可復而禮樂可興乎度其能如是也而仕焉夫然後道濟天下而不私身處尊富而不讓非然則不可仕矣明知其不可而姑試之至于試之不效而始自悔也（淋漓愷切）而已無及矣已立人之本朝矣則是所重者仕而所輕者道也則是所重者在尊與富而所輕者仕也素餐見刺于風人竊位貽譏于來

哲恥乎不恥乎即何如仕猶不仕者之為可安也乎嗟乎此唐虞三代以下賢人君子所以甘心抱關而不辭也（餘音嫋嫋）始末只說為貧而行道意未始不重囊特名作借酒盃澆塊壘幾于有文無題矣視此何如耶其高古靈變猶不能名以一家

仕非為貧也 一章（孟子） 狄億

仕非為貧也 一章　　狄億

為貧必擇其宜重仕也夫為貧則仕似輕矣然必擇其宜而居之者何心耶所以重仕也且賢人君子之處於世仕與不仕而已乃有欲仕不可不仕不能以不可仕之心迫於不能不仕之勢此出處所以兩難也夫惟外聽乎勢之所迫而中不失其心之所安則不得已而仕亦自有義之宜者存焉今夫仕非為貧也而為貧而仕往往有之猶夫娶妻而有時為養云爾所謂迫之以不能不仕之勢也何則士而貧也一身之漸於飢寒而仰無以事俯無以育也傷已將求老農而為師自棄於工賈不棄之也曷稷可以給衣食養孤窮耶抑

文情悲明

甚强其力之所不堪而喪其所以自立無已寧餬其口於仕

難處之心抱關擊柝而不辭若是者非得已也勢也當其時設有過（九〇葵）（求〇三〇元〇峯）

而請之者曰吾于誦法先王而為人抱關柳何不自喜之甚也為貧

者將無娛耶抑有過而奇之者曰是抱關者其材任為公卿由是爵

之以公卿之尊祿之以公卿之富而不惜也為貧者將無受耶不知

抱關擊柝固彼所擇而居之者也如此則宜不知此則不宜也昔者

孔子大聖委吏乘田至卑且賤而孔子寧為之豈不有宜於委吏乘

田者耶會計當牛羊蕃壯長職易稱焉宜矣司會計則言會計司牛（轉）

羊則言牛羊罪不及焉宜矣為貧而抱關是亦孔子之家法也雖仕

○藝○處○最○輕○圓○

猶不仕也何也彼未嘗一日立人之本朝也抱關擊柝迫於不能不

仕之勢也未嘗一日立人之本朝無失其不可仕之心也今夫君子

之仕豈誠有利於己哉守先王之道不忍獨善其身而思以兼濟天

下也是故内廣之己外廣之人曰吾君能忠己而任我乎吾相能虛

大狄歷○辭

己以聽我乎至德可成而民未可遂乎廣其能如是也而仕焉夫然

後道濟天下而不私身處尊富而不讓非然則不可仕矣明知其不

章○：○折

可而姑試之至於試之不效而始自悔也而已無及矣己立人之本

朝矣則是所重者仕而所輕者道也則是所重者在尊與富而所輕

百○也恥乎不恥乎即何如往滿不仕者之為可安也乎嗟乎此唐

科大題文匯序

三〻餘音嫋〻〻

序〻以下賢人君子所以寸〻在闕而不辭也

近科多佳作首尾縮結審緻縝矣此文疏〻散〻却亦未嘗不佳

骨韻高雅體源似出於韓

仕非為貧　全章　汪份

為貧者不居貧所以遠恥也夫共言為貧而復不能居貧則必立乎人之本朝而道不行也君子恥之且君子立乎人之本朝所居極天下之尊富而不自以為泰者何哉為其能行吾道也必能行其道而後可以云仕故仕非為貧也且夫為貧而仕之說不知起於何時而其說濫莫於今而遂以為仕之正若宜然者蓋其說曰為貧則安得後居貧也欲不居貧必將汲汲乎居尊以致富之不暇而又遑恤乎道之得行與否於是有從而恥之者曰道不行何不力爭之以其言也所之曰吾以遠罪也更有從而恥之者曰畏罪何以不去也則

科小題文選

筆似遊龍

一曰吾向者固曰注勇系仁也故爲貧而仕之說賊夫道者也

非爲貧司中

帶定看二句

再足一波以文勢方不寡

喜

無已則亦有道於此爲貧則必居貧也且夫爲貧而仍居貧則何以

所他年則貧椎居貧乘何引矣

爲穀貧計也嗚呼君子不幸爲貧謀固其仕也非以求富也免於饑

叙次中間照神入本節作且居

饑而已矣然曰必居貧也居貧奈何處可以不言之位以食可以不

叙下

吾子

言之祿不言所以盡罪且不言久可惡乎此與爲貧而仕者也雖孔

子亦爲之矣昔者孔子居委吏則言委吏之道居乘田則言乘田之

道故居抱關擊柝則亦必言抱關擊柝之道蓋君子雖居貧也其不

苟於受祿如此而如之何立乎人之本朝而道不行哉不稱其職不

諦很

當於理而觀焉惟當之是圖甚矣夫爲貧而仕之說之賊夫道也

評

壷

處處從首二句發論。末節又一篇之線索。所謂擊其首則尾應。擊其尾則首應者。中間以穿插敘題。仍各還他本文體。而又可謂擊其中則首尾俱應。長題能事於斯極矣。故凡隨題平衍。血脈不通與夫一味凌駕。失却題面者。皆不足語於斯者也。原評

用筆如飛。首尾一氣迴合。按其部位。條理井然。而增凌曲折。乃有爾許丘壑。長題至此。所謂規矩方圓之至。吳荊山

第十一冊　卷三十一

〇〇仕非為貧　全章　　郁世焜（本姓吳）

祿仕有其宜、而立朝者盖當知耻矣、夫仕固以行道也、借曰為貧則有卑貧之可居矣、獨柰何立人之朝者、顧畏罪而不畏耻哉、嘗考先王之制論定後官〃久後祿生其持者皆思有所樹立以表見于天下旅小臣奉公守職而禮統之分以明大臣論道經邦而寮寀之望以著于時下無不達之才朝無不稱之職猗歟盛哉概自世之衰也人皆知有仕而不知有道知有仕而不知有道漸且不知有仕而惟知有貧故其始也假道以進其身總也謀利以喪厥志而猶托言自謝曰吾固為貧而仕者也夫仕矣而安得有為貧者哉國家談爵詔乘求其人而授之非苟蒙其才而當貴其身也士人積學勵行必

身以而居之非苟役于利而榮于名也然則上之求人下之求位
亦惟其道耳而何為貴之有如徒以為貴而已也則亦有道上古之
（疾轉有舉力）
世有隱君子者志在不出則不復出矣三代以來往往多隱于仕者
皆自傷不得志以至此也或於身于執殳或寄迹于橐籥如抱關擊
（引孔子作証）
析者流聊附于娶妻為養之義其誰曰不可以余所聞孔子道至高
（小落自然）
亦嘗有為貧之仕矣吾黨碩學古人嘗守不得已之時觀其不得已
之用委吏乘田于此見為貧之有適而居卑居貧者之斷斷然也嗟
（側出有致）
乎處卑貧之位而欲建天下之大功此寔難矣要豈云人之朝者所
可同日而論哉儒者生不見用餬口一官習見當世之公卿大夫祿
（一氣節重發二比特有精采）
祿焉無所建白爰有慷慨論列而國是紛紜之際以捐且激烈陳詞

雲人山

房書文徵

而一時辨言亢禍少起是誠小臣之適也夫誰秉國鈞而使本朝之
大政聽一二小臣之喋喋乎是故援鍊之識倍嚴于越俎之議也抑
大臣幸際昌期身操國柄習見在下之賢人君子急急焉多所刺譏
為仁古腐臣寫照
爰是故為老成之見而模稜于可否之間好為渾同之名而依回于
政治之大以是為可免一時之議也夫即幸免罪戾而返之一念之
寫私字刺骨
懷慚不亦負朝廷虛當世之士乎是故隱微之疚倍深于斧鉞之威
也從來聖賢當未遇之時往往辨萬鍾嚴一介以養其學問深沉之
仍結重一道
氣故雖終身不仕而天下視其安危蒼生卜其出處則道之存乎我
字
者尊來豪傑當小試之初往往謹繩墨守近功幾疑為無所短長
迨一旦得志而天子特為貴之而國倚為羽儀則道之及乎天

下　大苟其不然徒知書高亢非所不嚮乎主朝之所恥將不計乎道之行不行而惟藉口于爲貧也則豈孔子之司寇攝相亦等之爲委吏爲乘田也哉

餘歧自佳

不屑猶墻偃僂而獨往獨來初無町畦可尋文筆之高奇恍若置身峨眉天半題道字作骨前後廻映通體皆靈國鈞身秉澴飫貽譏有靦面目千古同歎孟子下一恥字直令胡廣蘇味道一流通身汗下矣後幅痛快言之直可激揚士類矯厲頹風

仇論桂

仕非爲貧　全　　辛丑　梁機

爲祿仕者明其義，人當知所審矣。盡道不行而爲貧，則卑貧可居也。審其所宜，惟法孔子耳。尊害云乎哉？今夫仕何爲乎？爲道焉耳。（俊爽）道行斯言無不建，而祿無問焉。變其常者，其始于春秋，甚于戰國。蓋周之季世，君侯既不好士，賢人無以爲家，循道無所試者往往發憤而起曰：「吾仕也乎哉？吾爲貧也。」（喝清句得主腦）以予論之，夫仕亦安得爲此也？即有其時而必欲取卿相，享厚祿，一時之公卿大夫引爲同位，（和末句得法）是則尊矣富矣，忝高位以速官謗，烏得而可哉？且古有聖人而居卑貧者，況其下焉者乎？蓋吾聞孔子之仕也，爲委吏，爲乘田，其事

（手法妙）

之卑且貧幾與抱關擊柝等乃共言會計之當牛羊之茁壯必期于稱職而後已焉則雖事之卑且貧不敢苟也而況于尊者乎況于高者乎使身被天子之恩不厭蒼生之望假為貧之說以為竊（更有手法）位之祿豈特與謗上者同罪哉更君子之所深耻矣嗚呼孔子已往賢主不仕而鄙夫充位詩云豈其娶妻必齊之姜為眷者固知（補筆絶妙）之矣而載咏伐檀之什獨味〻焉亦何為也哉

以首末兩句為主探驪得珠而結撰簡勁精密無筆不老

○○○仕非為貧也　一章　曹覺

為貧者必居貧所以遠恥也夫託言為貧而後不能居貧則必立乎人之本朝而道不行也君子恥之且君子立乎人之本朝（逆入）所居極天（折○出○前）下之尊富而不自以為泰者何故為其能行吾道也必能行其道而（句○想○忽）後可以云仕故仕非為貧也且夫為貧而仕之說不知起於何時而此說滋蔓于今而遂以為仕之正若宜然者蓋其說曰為貧則安得（出○落○筆○ろ○變○化）後居貧也欲不居貧必將汲汲乎居尊以致富之不暇而又遑恤乎（迭○字○穿○出）道之得行與否於是有從而恥之者曰道不行何不力爭之以其言也則解之曰吾以遠罪也更有從而恥之者曰畏罪何以不辭也則

又解之曰吾向者固曰為貧而仕也故為貧而仕之說賊夫道者也無已則亦有道於此為貧則必居貧也且夫為貧而仍居貧則何以（仍有針節之致）為救貧計也嗚呼君子不幸為貧所困其仕也非以求富也免於飢（叙次中間即帶挑來節）餓而已矣故曰必居貧也居貧奈何處可以不言之位以食可以不言之祿不言既以遠罪且不言又可免恥此真為貧而仕者也雖孔子亦為之矣昔者孔子居委吏則言委吏之道居乘田則言乘田之道故居抱關擊柝則亦必言抱關擊柝之道蓋君子雖居貧也其不苟於受祿如此而如之何立乎人之本朝而道不行哉不稱其職不當於理而醜焉惟富之是圖甚矣夫為貧而仕之說之賊夫道也

其筆之於題。如雲龍之相逐。使讀者不能測。處處從首二句發。論末節又一篇之線索。所謂擊其首則尾應。擊其尾則首應也。中間以穿插叙題。仍各還本文儘置。又可謂擊其中則首尾俱應。此誠極長題之能事矣。苟或隨題趨平衍。血脉不通。與夫任臆凌駕。遺忘題面者。皆不足語其秘奧也。

仕非為 曹

仕非為貧也　全章　陸師

仕不可苟以為道也蓋君子之仕行其道而已矣即不得已而貧
仕雖為祿實為道也故仕不可苟也且上之人以行道期士而士
動以祿養自為此意只不堪自問矣而或者頗以貧解也嗟乎朝
廷設官豈為天下貧者博一日之升斗乎是故君子之仕也立人
之朝居人之位行己之道貧固非所為也何也義與利不相兼公
與私不兩立一有為貧之心則其為道也必不至君子不為也其
亦有時出于此者此殆如娶妻之為養然非君子之初心也不得
已也夫我特不得已而為之而可燕然于尊富之間上負朝廷[illegible]

清、穩　筆精捷　提得

陸麟度制義　孟子　巢興書屋

陸麟度制義　孟子　纂輿齋選

士之心。下奉賢士大夫行道之意乎。貧可居也。卑可居也。此閭竊

許亦云宜也。雖然誰謂抱關擊柝竟無道之可行也哉。夫居其位

者必受其祿。食其祿者必稱其職。如孔子大聖。委吏乘田職官。

而有時為之。亦曰居委吏則行委吏之道。居乘田則行乘田之道

○飛○過○寫○攝○而○不○知

會計當牛羊茁而吾已無餘事也。舍是言之罪矣。夫下以言高而

從罪上頭以立朝而順官領尊位享厚祿。一無所行。以下同乎卑

貧者之所為。朝廷難甚矣。人亦其用此持祿養高之臣子乎。恥孰

甚矣。是故君子得志位不辭高。祿不辭富。以為道也。不為貧也。其

○恰○道○字○二○線○貫○串○

不得志卑可盡職。貧可避罪。辨為祿也。亦為道也。夫君子之不共

仕以招耻也明矣豈得托于貧以自解乎哉

借題以寫胸中之勃勃怒罵嬉笑皆成文章擒道字作篇主腦

處處着神段段靈動孫掾鋏

第十一冊　卷三十一

仕非爲貧　全　張鵬

洙不行道之責者、因爲貧者以立訓焉、夫使爲貧而仕、亦宜如孔子
（始進以正爲貧爲道皆有之）
焉耳、彼立朝而道不行者、亦容適哉、且君子之立身也莫嚴于始進
始進不正其後未有能正者也故古人得時而駕則聲施赫焉不得
（題之曲折皆盡）
已而躬處末秩隱分效功皆不得于時者之所爲也而荷高爵食厚
（字以補題前一層）（提道）
糈者往往借以托跡焉吾不知其人爲何如人也何也君子有爲
道而仕之志無爲貧而仕之志惟道不行而士始以貧見矣惟士以
貧見而士始有爲貧而仕者矣噫仕非爲貧也而使仕仕時乎爲貧
（便警動末節）
此非士君子之過而在上者之失也故爲貧者于尊不敢居而居卑
于富不敢居而居貧非不欲尊且富也慮位高而任益大也殆爲抱

文徵　下孟　順治辛丑房書　一百

[illegible]又徵　下孟　順治辛丑房書　一百

關擊柝焉乃可非然則于寵而已矣非然則偉進而已矣昔孔子者
固月以任道為心者也乃一嘗為委吏又嘗為乘田稽其職猶然抱
關擊柝者之職求其心猶然辭尊辭富者之心孔子于此蓋有大不
得已者也乃卒于會計牛羊之外無他厲焉㾾我不至以位卑言高
之罪、孔子乎雖然朝廷大臣不言而小臣有言非聖世之風也至
使大臣不言而小臣無言吾不知世為何世矣然而大臣不言小
臣有言又有所中制而不敢言彼小臣雖素著狂直無所避誅凡此
者非以咎小臣之罰正以咎大臣之責也今夫欲為其事而無其位
則曰位不在我也有其位而無其權則曰權不在我也若夫有其位
有其權能事可見于天下矣而謀猷不立偉略無彰維鴟貽之予之

諸亦帯同三百之識卑與貧則人甘之尊與富則己受之反不若抱關擊柝者之得展微勞也可恥孰甚哉于以知立乎人之本朝者必不可以為貧而仕者自媒其短也何也一為貧而仕一為道而仕也只隨題轉折頓挫而波致橫生錯落入古鸞鳳掠雲駿馬驀澗此文似之○總註尹氏謂為貧者不可居尊居尊者必當行道蒙引謂立乎本朝句為為貧而仕者發故此章要説出稱職意纔見仕道與孔子相合時解歸重末句謂孟子刺譏當時去而位者于題理尚隔一層○首節中已有行道意言仕本行道而時當為貧則宜知所自處下文節節申此青耳入手提明勢如破竹矣

仇滄柱

仕非為貧也　一章　　郭鋕

謝道于為貧之日以求免于恥而已夫佛之仕而困其道君子尚敢言仕乎然而為貧之仕亦有説焉聊本恥之義于孟子謂然曰以君子而生于今之世也而顧不思為道求一解免之路也吾處際于道而道虚行于吾是重困耳將而謝吾道非苟而免吾恥哉不然仕非為貧也必尊必富則仕之權重將以達吾道也然而有時乎為貧也或卑或貧則道之責去卿以寬至仕焉以為貧之故而仕矣異乎以為養之故而娶妻也哉而吾獨不辭夫天之所以位斯人者君子必卑貧小人必尊富無故而從之徒不自聊天下多權罪之君子無故

而加之使不自勝天下多羞恥之小人惡乎宜乎彼有人焉立人之本朝而道不行或抱關擊柝或委吏或乘田小用之而小效惡乎不宜乎而顧以是東閣辱吾君子且使君子若憎然不知天之將以尊富我而故辭之若憤然不知天之久以卑貧我而又居之而其心獨苦也（○過于取○位○卑○二○句○）蓋以道既釋我于卑貧之日寬其相督則我可僥然即于卑貧（○遥○取○立○）徐生其道以行卒其無罪在君子之處約猶為得半而遂以道獨貴（○乎○人○之○本○朝○二○句○）于尊富之人供其一卿則我亦脫然即于尊富觀其道而當信其無恥在君子之立身不失而全我之言高要亦為道耳乃昔于道何如今日稱稱越俎遂爾滋戾哉則果不若極意而避之言高則罪不

華○力○勁○峻○

言高則無罪矣夫獨何為而樂與罪為逢迎人之立朝要不為道耳乃今于道何如一旦漫消荷承何時解惭哉則亟宜于始進而慎之立朝則恥不立朝則無恥矣夫獨何為而既以恥為嘗試天之害道亦酷矣聖如孔子幾幾乎僅以會計牛羊報最也他復何望哉

中三節累得好末節詳得又好裁剪都在大處自不跼蹐作轅下駒○晚村謂此章專為為貧而仕者發即章末一句亦是從為貧者意中惟恐有曠官覆餗之恥故寄辭尊富而居卑貧耳若肯將末節註細讀便見此意文止在為貧者意中推求不以立人之本朝另作一橛不知者顧以為怫其言謂其自闢一解也 黃際飛

行神如空行氣如虹快劍斫陣生蛟龍不足方其橫決

第十一冊　卷三十一

仕非為貧也　全章　劉巖

君子之仕也、為貧而道存焉。夫居卑居貧、即為貧而仕者之道也、不然、其何以遠恥哉。且天下士恥貧者多矣、而恥仕者無一焉。其未仕而貧、則自為恥、及其仕也、則人恥之。士學聖人之學、而不能以道自持、遂使終自困于恥辱中、而無以自解。此其弊由于士不知仕之道、且不知不得已而仕之亦有道也。夫今之仕者、大抵不過為貧故、而欲居尊以致富也。夫士豈為貧而仕者哉。為道行也。然道不行而親老矣、可奈何。奈之矣、可奈何。故時而亦為貧而仕、是或一道也。自托公家養士之條、不以東綏為恥、即愧亦自比于農夫食力之報、不

素餐為君子訊居卑居貧吾於貧者則宜知是云耳昔者孔子大
聖人而嘗厠迹于乘田委吏之位不以為耻者率是道也蓋為道而
仕者有為道而仕之道為貧而仕者有為貧而仕之道〻有顯晦故
說看字透
仕有紬伸仕有尊卑而道無大小故辭尊辭富者道也抱關擊柝者
道也瑣屑言牛羊會計之事皆道也人見吾居卑貧曰道不行不知
吾道已行也何也吾行吾貧而仕之道焉其可也若已尊矣已富矣
而托于貧之說以為之名其尊我者為道也其富我者為道也而我
則曰為貧也即依違容悅以幸無罪詎不知人間羞恥之事乎哉夫
女以無媒而來則衆耻之士以無勞而貴則人反義之而仕之一途

遂啟天下以耻之叢而為罪之府嗚呼仕累道也哉貧累仕也已

註中職易稱〻職即是道覷定末句映合通章而正意更有洗發

亦古人題緒堆垛走馬单行之法也

仕非為貧　一章

劉巘

君子之仕也○為貧而道存焉○夫居卑居貧○即為貧而仕者之道也○不然其何以遠恥哉○且天下士恥貧者多矣○而恥仕者無一焉○其未仕而貧則自為恥○及其仕也○則人恥之○士學聖人之學而不能以道自達、使終身自困於恥辱中而無以自解、此其弊由於士不知仕之道○且不知不得已而仕之亦有道也○夫今之仕者大抵不過為貧故而欲居尊以致富也○夫士豈為貧而仕者哉○為道行也○然道不行而親老矣可奈何○祿乏矣可奈何○於時而亦為貧而仕○是或一道也○有托於公家養士之條○不以素飧為君卿愧○亦自比於農夫食力之報○

甲戌科大題文選　　孟子

不以素餐為君子譏居卑居貧吾為貧者則宜如是云爾昔者孔子
大賢人而嘗廁迹於乘田委吏之位不以為恥者率是道也蓋為道
出發揮道字語當
而仕者有為道而仕之道為貧而仕者有為貧而仕之道道之有顯晦
故仕有絀伸仕有尊卑而道無大小故辭尊辭富者道也抱關擊柝
者道也獵較言牛羊會計之數皆道也人見吾居卑仕而不敢言高
題手出入
位半句抽基
以取羣曰道不行不知吾道之行也何也吾行吾貧而仕之道焉其
可也若已尊矣已富矣而耗於貧之說以為之名其尊我者為道也
其富我者為道也而我則可為貧也即依違容悅以幸無罪而亦知
人間有羞恥之事乎譏夫女以無媒而來則衆恥之士以無勞而貴

仕非為　劉

而作遂發天下以恥之叢而為罪之府嗚呼仕
之志貧累仕也已
琉末節詳言此為貧者之所以必辭尊富而寧處貧賤則此章始
終為之貧而仕者言之欲以道字為緣而卻以為貧作主極有把
握而能圓滿也

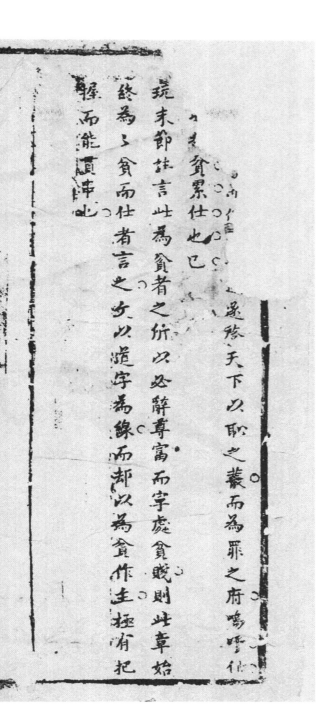

○○○他人之賢者　　踰焉○

江南宋無瑩觀風　狄　字
溧陽縣學一名

即賢以觀聖，而知聖人所處之高矣。夫他人之賢者，豈同非賢，而以視仲尼，是猶丘陵比日月也。子貢為世之欲踰仲尼者顯示之，若曰：甚矣乎聖人所處之高也。不獨天下之卑者莫逾其高，即天下之高者至此皆失其高也。夫高卑之數，視乎相形，有卑者而高者出焉，有高者而至高者又出焉，則夫聖人之于人，其差數固可立觀矣。人之毀仲尼者，猶語以仲尼之賢，而彼不信也。天下不乏才矣，仲尼而外，豈自無他人，而獨以賢歸仲尼也。猶語以仲尼之賢于他人，而彼亦不信也。才哲自應生矣，仲尼而外，豈盡貶賢而頓抑他人以尊仲尼也。

若是似他人之賢者得以踰乎仲尼矣而非也可踰者在他人之賢
者而不在仲尼也今以他人之賢者視仲尼我不知其相去幾何也
深者不得而知淺者可舉而似為丘為陵較賜所云及肩之數殆已
過之今以仲尼視他人之賢者我亦不知其相去幾何也不見者人
多聞子問外可見者仲尼自在日前為日為月不待既入聖人之門（聰明絕世）
然後仰之而其間可踰不可踰之故較如矣賢必視乎其所積立一（兩意精切）
於人于此彼譬是而我乃不能是則必去其不如賢者以求其及于
賢者他人之成其賢也自有積而累之之功焉是故平地而至丘陵（眼前錦綉集自妙）
此相積之理也夫丘陵之高也由平地積之而日月之高也更何自

以積之乎我仲尼之生而神靈長而天縱者始猶繼繼者之不積而
高也有可積則猶可加無可積則無可加矣賢必視乎其然因立
賢人于此我祇是而我必思更進于其則必就今之所為賢者以求
其賢于賢者賢之可踰于他人也自有因而高之之勢焉是故為高
必得丘陵此相因之理也夫天下有高于丘陵者即可因丘陵以為
之而天下無高于日月者更何所因以為之乎我仲尼之駕乎萬世
冠乎百王者始猶乘纍者之無因而躋也有可因則有可升無可因
則無可升矣而孰得而踰之夫仲尼之高凉不待他人之賢者而始
見且他人之賢者亦正仲尼之量所不遺今吾之說特為不知仲尼

者顯言之也夫日月豈屑屑與丘陵爭高下乎哉

思致警切無一語可移置別處故是作手　原批

泛說聖道之高落筆便是陳言即得有警切語不見者人多阻于門外可見者仲尼日在目前、、扃鐍絶意思即借上章翻出可知妙理無窮術恰即是贖贖者自終身不解耳後二股從譬如為山節及為高必因丘陵兩意脫化恰好說發喻字極親切具此慧心滇乃觸緒旨遠矣

他人之　秋

○○○他人之賢者丘陵也

錢世熹

以高為喻在人者為未極乎高之分也夫高有至分立陵未足當也他人之賢者乃此哉則以有仲尼在乎貢曉武叔曰天下明者鑒情闇者鑒形達者觀此滯者覩彼游其形則情可得而思也通乎彼則此可得而識也吾謂仲尼不可毀者何哉蓋以子所毀者非他人也吾不知子之于仲尼也以為賢乎不以為賢乎必不以為賢而後議之也又必以為賢而後議之也抑不知子之于賢也以為有等乎以為無等乎必以為有等而後苛求之也又必以為無等而後混及之也吾試言他人之賢者學無窮則品亦無窮不容限以賢者也言有仲尼而皆可以賢者概之道無異則人亦無異不見所為他人也自

有仲尼而皆可以他人目之他人之賢者而不賢也哉或先而登矣
或後而上矣極積累之效而皆成岑蔚之觀孰謂其不賓也非壓仰
其勢有所起也他人之賢者而遂賢也哉或覆而進矣既升而困
齊極參差之形而皆在頡頏之數孰謂其遂賢也非故抑之其力有
所止也則有以道德為賢者道系千條貫以貫者非作述之全德之
是賢者之段實際　緊對仲尼
于宏通而通者非覆載之大吾不隆衆之而人將餘于量吾極隆衆
之而量又將餘于人也測有以功業為賢者功可臨一時而不可以
臨萬世之天下業可俯一國而不可以俯百代之上人各不高斷之
而物將不及人吾過高擬之而人又將不及物也若是者何也在陵
一洗截住
也吾愛之敬之不能學之則有從而賢之者焉固不可謂不可也抑

吾愛之敬之不顧學之則有泚而毀之者焉或亦不至大惑也何也
猶可踰也

文有矯舉之懸搜剔題中字義尤為人累我詳想紹文命筆時必
有風搏物激之巧　倪闇公

則筆多正筆少虛筆多寔筆少然側筆無非正筆虛筆無非寔筆
直令字裡行間風雲龍虎　門人陳元儒

他人之

他人之賢　三句　戴熾

踰之猶可賢于他人者也夫他人不可勝數有賢者焉豈可踰哉

然而孔江徒乎子貢曉叔孫意謂人而可毀我者可踰人而可踰

或非賢者庸耳俗目見一賢輒不敢仰視謂是巍巍在望者欲踰

之而幾不可矣吾甚無解于大夫姑不與論仲尼先與論他人人

參三才以立已今人乃弗紀及孰是賢堪共見超然迥越他人人

而爲萬物之靈庶哲人又靡不慕孰則人企崇隆卓爾之推賢者果

之賢者識其大文武之道在人他人誰與頡頏乎焉可今

凡物之象有高有卑卑可踰固也若尋常崛起

試設凌虛微步之思從其上而下視之大荒
咸在混茫一氣之中亦何象之不畢乎就令梁父蓮者
雖甚嶽亦不過星羅棊佈探幽者攀援歷覽類無不竒虎豹而登
虬蜿引一蟒之封如所謂此隱者乎過此科山但見牛羊之所踐
履皮難禁樵夫牧豎莫往莫來凡物之形有遠有近近可踰固也
咫尺遙深其遂可謂遂耶嘗試設一平地凝眸之想從其下而
上視之一望廣遠有涯覽薄霧浮雲恍接寥廓空濛之內亦何形之
不逃乎就令滄溟浮島嶼絕域邈崑崙曾未經禹亦舜巡遠怪
紀述游夸日月之言抑鷄鶩而列淇澳紀 生之 猶有行

嚐言睥睨一世人之所不識又不　此作　嗚㦤書

而踰之不猶可乎且夫由百世而等德正禮樂以尚作者之謂

聖述者之謂明豈僅盡居賢者之班頓極擬諸形容雖氣壓邱陵

要祇可同賢者論自生民以來麟鳳山海軼其倫行王道而王不

帝道而帝豈必盡處邱陵之列頓直高其究竟縱羣離賢者無不

可仰邱陵後覲彼日與他人處文〻鬱塵漸〻如或陟彼丘陵一仰

覲焉增所為照臨下土者有不悔景皆賢〻之見不謂高山仰止

者盡舉而培塿之哉

吐棄一切精詣處幾自成一子讀書破萬卷

他日子夏子張子游

蕙林軒集　葉存養

有其師之一體者若猶難忘於他日焉夫子夏子張子游既皆有孔子之一體則没者已没歸者已歸何猶若難忘於他日哉且昔門人於孔子其心仕而歸者亦既視三年如一日矣非特三年如一日三年外亦仍如一日其業為門人恨不得為門人而猶庶幾得終為門人者及門又未嘗無人也如當日之不忘師者豈特一後歸之子貢哉謂恩重則報答宜隆而統聞一貫其親接吾道之真傳也子貢外本無多人也則既迹返衛茅亦徒慨夫河山之邈謂識真則感恩倍切而論定千秋其驚嘆生民之未有者子貢外又無幾人也則即悲深梁木亦漸忘於歲

月之淹雖然不覲他日乎不覲他日之子夏子張子游乎教設西河將相極一門之選當日者謂子夏真一孔子矣而子夏不受也負牆之立追隨猶如前日耳則愴然於他日者子夏也派分東魯名望冠八氏之儒當日者謂子張真一孔子矣而子張不居也書紳之訓稟承難如往日耳則惻然於他日者子張也道行南國菁華聚三代之英當日者謂子游真一孔子矣而子游不安也避席之請記憶恍如昨日耳則淒然於他日者子游也且夫人親炙既深或歷時而難從恝置乃挍羣賢之譜錄子夏少四十四子張少四十八子游少三十五計當弱冠從遊其為時亦尚淺矣但使經居廬墓已足稱古誼之敦而時異境遷非復前日之懷抱亦誰得責其實情乎謂遙遙者已至他日也

乃夢想之日恨不得為覯見之日則台有三子忍使洙泗五百年之統竟歇絕於異時哉且夫人依歸素近或觸境而易致懷思乃詢諸弟之里居子夏生長於衛子張生長於陳子游生長於吳念自疆隅各別其為地亦甚遠矣就使杖策還鄉各自樹後生之望而支分派別莫溯舊日之淵源亦誰不諒其本懷乎謂忽忽者無怪他日也乃離索之日冀不改夫聚處之日則自有三子詎在鄒魯七十子之徒不願引為同儕哉然欲事其所似曾子猶不可彊也昔之不倍師者有如此

他日子夏子張　事之　　俊雅集　劉祖棨

觀諸賢所欲事者仍一不敢倍師焉夫子夏子張子游豈肯倍孔子而事有若者特因似聖人而欲事之其亦不忍倍師哉且忍於倍師者即當身所逮事之日意中不知有師也而不敢倍師者即當身不逮事之日目中無在非師也蓋情深嚮往音容渺則契慕愈殷而念切懷思意象符則典型宛在將不必師而亦可為師見為師而即奉以師者莫非此不忍倍師之心所載而出不然吾黨在聖門固共事孔子孔子而外別無師也而何以子夏子張子游必謀所事於他日哉大抵函丈親承之會亦趨亦步恩以篤而難忘一自館舍淒涼聲欬半隔於風雨則撫丹鉛而摩挲不置何自

覓其聲音笑貌儼杖履之如魏然良朋結契之餘同氣同聲情以聯而借切當夫淵源脗合規模差比於杏壇則因友誼而尊奉匪遥胡弗從其晨夕居遊樂追隨之共訂盍三子復事孔子而不得則以似聖人者惟有若欲事之如孔子也豈無意哉凡人結想甚殷當擬議之俱窮必有所依而其懷始暢即使文章僅瞻外著性道難叩中藏而偶有得其端倪者遂因其人以見寸心之如結此亦琴文夢旦之思也而三子有此隱願也凡人鍾情獨摯當形神之莫接必有所託而其念始安即使俎豆已屬空存衣冠終歸幻想而忽有肖其氣象者遂援其人以誌仰慕於無窮此亦僾見愾聞之意也而三子矢此誠心也尼山之統緒誰傳在學分一體之資不難共伸其負荷以三子宮牆幸列早副傳道得徒之思即當

人往屬微詎容頓易乎初志特無如望聖人而不見得一似聖人者遂覺願力之彌殷也夫入孝出弟即務本之訓所由來慎蕙恭勞即禮用之言所自立則因其似而共事有若當亦可默證心期耳而欲事者何難永延墜緒也哉泗水之英才甚眾得道冠百王之聖不難默致其化裁以夫子畛域素志嘗存無行不與之願即當情遷境過誰敢稍外夫前型特無如思聖人而難覿得一似聖人者遂覺情懷之俱往也夫有為而言深明欲貧速朽之旨盡徹一對悉本事君盡禮之心則因其似而事如孔子當亦可遙為慰藉耳而欲事者猶是恪守師承也哉然而三子之見不若曾子為獨超也

主司城貞　周臣

江蘇李學臺歲試溧陽縣學一等二名　孔廣敎

愼所主於當阨其爲人猶可想見也夫爲陳侯臣者多矣而爲司城而謚爲貞子其爲人必有人過人者孔子主之豈苟焉而已哉昔孔子嘗困於陳七日不舉火當是時但聞主人有言誰爲東道用來新而切之主於津梁之上者猶且援琴晤歌而嘆莫容之何病倘所謂艱貞蒙難者非耶君子曰惜哉其上下之無交以致斯極也雖然莫謂其無交也他日孔子之當阨也蓋亦於陳有所主矣夫以孔子之見阨於宋也魁去其章甫衣變其縫掖幸得即次之安亦已足矣即何假擇所主哉然而孔子之主於陳也猶之其主於衛也蓋

所主者非癰疽類也。非瘠環類也。并非彌子類也。於稽其人。則為陳侯周臣者是。且夫臣節之曰徵也。非獨左右近倖。有植黨樹恩之嫌。而側身公卿大夫之列。其受爵公朝。拜恩私室者。蓋亦所在多有。吾烏知臣陳者之非癰疽而實癰疽也。吾烏知臣陳者之非倖人而實倖人也。非彌子而實彌子也。而要之無慮也。夫獨不聞為陳侯臣者。有始為宋司城而卒謚為貞子者乎。而猶疑其不足以主孔子乎。司城者宋爵也。貞子不復為宋臣矣。而猶繫以司城何也。蓋貞子善于其職。宋人愛之。故君子本其人生平之所歷而詳述之曰司城。不忘舊職也。或者謂司城與司馬同朝。賢奸不並

議論貞矣

立枉直不同貫司馬檀朔而司城匯跡亦因其所然則司城之去宋就陳與孔子之過宋適陳始如一轍矣乃其得諡為貞諡尤非易易矣夫宋自文獻無徵之後固已漸就衰微陳至株林興刺之餘亦復寖以陵替於苟且圖存之日而獨能介然自守君子竊謂之其進不以禮不足以為貞也其退不以義不足以為貞也其得之不得不知有命不足以為貞也故跡其得諡為貞而其足為孔子主槩可知矣孔子之當阨而主之也豈偶然哉嗟夫是乃所以為孔子也

清發上句清快玲瓏筆力亦極蒼秀

透爲蒿中之獨接文善用逆折○字○清爽○足當一秀字「顧景嶽

拜司城　孔

主司城貞　周臣

李葉

述所主于有事之時，明聖心之不苟也。夫述貞子之官而並詳其主事，則其賢可知矣。夫子主之不可以見其不苟也，孟子若謂聖人秉禮義以持躬，不特謹所主于無事之時也，尤必慎所主于有事之際。蓋至人審交而定交，賢者擇君而並仕，迨今其人已往，而詳其官稱，其譏誌其君，已之為聖人不輕所主之一証耳。如孔子過宋，遭陳夫非當阨時乎？吾意斯時也，窮從寥落，臨難倉皇，將誰氏之門不可以曳裾，何人之室不足以停驂，又奚暇辨別夫賢從容而賦知言之雅，詳稽流品，遴迫而通聲氣之求哉？然于此以有所主焉，于此而輕于所主焉，人猶得執是以議孔子，而孔子亦終無以自解也，而正不然。

清晰　　便切不可少　　榮從出阨翻起　　反振走筆得

居恒瑯于禮義者已深不以徬徨而輕言去納夙昔審于河命者已
久不因事變而昧厥生平其時轍迹所至鉏派陳宋間意必有賢人
君子鬱抑其際為驅車問之有先為宋司城而今官于陳者一行祈
賢豪非耶孔子曰吾今而可以得所主矣蓋司城既仕宋而復避地
于陳殆與孔子之皇皇轍環無異也其遇同者其情亦同而因之攬轡
停車乎抑司城既仕陳而猶係思于宋殆與子之殷殷宗國無異也
其心合者其道亦合而因之望廬至止乎當日者握手言歡孔子得
司城而志已遂班荆道故司城渭孔子而行遂[illegible]逵令過宛丘故墟
訪司城軼事其姓氏不傳々其主孔子一節問其宗則亦宋司戊一
知其何忘所自也聞之謚則貞子也知[illegible]而得美名也聞其君則

鄒吾鋼

際僑周也○知其仕於陳而無忝臣節○以孟貞子之賢如此○孔子之主○貞子之賢如此○噫○方貞子之先仕宋也○未聞其膺君寵而㨿予奪之○權○則孔子似不必主○即貞子之總仕陳也○亦未聞其近君側而尊進退之任○則孔子似不當主○而乃投轄靡他○傾蓋如故○則于今而擇所主者○豈于昔而輕所主乎○處變而所主之不苟者○豈處常而所主之猶略乎○于而有疑于齊衛也○吾不觀諸當阨之時

司城貞子之賢不可得而知○然係孔子所主○決非孟浪○承上禮義命作根源○更就兩人出處上約略斷之○則主字便有着落○前後俱作反勢○翻得透○愈襯得起○而証合章旨處○何異大海迴瀾

主司　李

〇〇〇主司城貞　周臣　李日焜

觀聖人之主於當阨者主其擇主者而已夫貞子不擇主而事何以為
（意兩而寔確）
司城者復為陳臣乎孔子曰是可主也其主於當阨者且如此且自聖
（從）
人之道不明而好事者輒誣聖人以自便其私是未取聖人所主之人
（章意說起）（摘貞）
而備思之矣蓋士君子之擇人而主不異人臣之擇君而事惟其人有
擇君而事之明而後擇主者翕卒之羈旅寄焉正不得不以一人之故
而備述其人之始終以告天下如微服過宋謂非孔子當阨時乎變故
猝來方深馬首靡托之慨而造次所至殊切縱驚無人之憂斯時也當
（當阨二字情景逼真）
常顧順優游人國閒從一二賢士大夫擇其人而後交言其交
而此以於此而漫主之則好事者誠得藉以為口實而何

手以[illegible]〻宋慮陳於不遑擇，[illegible]目而不失其主之〻人近今問其主

[illegible]相傳為主司城貞子為陳侯周臣匹夫司城宋卿也孔子之主（折司城翻）

（貞子昔日為宋）

貞[illegible]非于宋地也則貞子嘗以司城著曰原其蹤也雖然貞子為司城

則亦司城已耳使其與桓子第絡始宋廷則桓子之為司馬貞子之為

司城勢相敵也位相並也即孔子至宋貞子且得為東道主又何庸還

轢謝闕竊然他適棄司城而謀筮仕使後之譏孔子者必及貞子而言

貞子者以緣之以為陳侯周臣哉嗚呼貞子或亦磊落不覊不屑〻乎（收得當此）

擢媚而欲自標于賢豪間者乎獨是孔子之適陳也為陳侯之臣者不

止一貞子得毋有如癰疽侍人其人者乎而孔子之主之者則惟貞子

即為陳侯之臣而求孔子之主之者不止一貞子得毋有如瘠環子之要

曉園課業

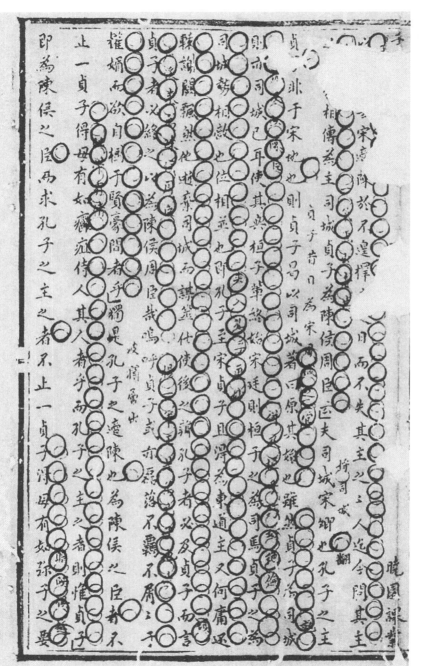

孔子其人尙乎而孔子之主之者則又惟貞子已哦嗚呼貞子猶可磊落不
羈而倚以於權倖而嘗自樹于賢豪間者乎不然而何以貞子之爲司
難語擇言
城者必擇周而臣之孔子之困于當阨者必擇貞子而主之豈然則知
陳侯可以知貞子知貞子可以知孔子而知孔子之主于當阨夫愈可
知孔子之主于平日者矣而殆將以貴議加之流

要說孔子平日之所主先說孔子當阨之所主蓋當阨猶必擇主則
乎日決不漫主可知矣此正孟子巧於設辭處然孔子旣主貞子則
說破便了如何說司城又說爲陳侯周臣此處卻少不得一番注發
江韓海之才寫得情致淋漓神思酣適古文作手固應推我次
叔向

爲諒李

○○主司城貞子　吳涵

觀所主於當阨若有必擇其人者焉夫主于當阨之時似亦不暇擇矣而必于司城貞子豈有非其人莫與主者乎嘗謂士君子秉禮度義其心無時可釋也況遑遑異國漂所依緣尤為持身所係者然而處常易審歷變難知苟勢位危疑而行蹤困乏亦安必其為當世賢豪間者而與之謀即次也方孔子之當阨則不然吾思孔子而肯少貶其禮義必不至見阨于世孔子之當阨則孔子之禮義為之也夫孔子之以禮以義如此而裁以當阨之故遂貶損于一旦諒孔子必不出此所遷者倉皇播越非若平居無事可以從容而論交則躊躇癰疽侍人輩必不屑與為緣而求如顏讎由其人者亦安能衎然而

切題宋

無是處

見得當阨所主行難

壬戌小題文藪

嫌疑甚乃孔子去宋之後勢雖迫矣而覲人之植則彌整以暇也遇雖窮矣而權變之念則更重以周也所主伊何蓋司城貞子云爾宋以武公廢司空于是乎有司城之職則司城固宋官也以觀桓畏則彼一司馬也一司城孔子何擇焉且不見春秋之紀宋事乎司馬卬之見殺司城意諸奔矣彼貞子官于宋而不終于宋殆其流亞歟然蕩之司城奔于司馬遇難之後則爲貴于司馬之司城也之司城去于司馬作亂之前則非黨于司馬之司城可知也雖然司城宋官也去宋則安滑滌之以宋官意哉疇昔之目克堪其職而去而宋人懷之故不然其官弛不然則身雖去宋滌心宋國以宋司城稱是亦樂操土風言稱先職之慤然且其謚以貞子則又非靈然而得此榮

之吾考之列國名卿樂枝之貞也以功北宮喜之貞也以賢公叔文子之貞也以衛社稷之難若司城之行事不少槪見要非秉道嫉邪守正不阿以禮義自持者亦何以當此貞之謚哉曰司城不愧其官也曰貞子無忝其謚也是誠與顏讎由為類而可以為孔子之所主矣嘗思貞子宋司城也孔子亦魯司寇也以魯司寇過宋司城而主其時之所託者不于宋則亦同為羇旅之人已耳而孔子何以主之蓋其時貞子為陳侯周臣也

堪作春秋謚法

若是下句以精懷生

司城書官貞子書謚舍是似無發揮文獨能旁搜他引疊起峯巒步步發明貞子之賢為主字作襯為臣侯周臣句雖未經露郡邑見得非是宋臣巧生于法至前幅撿定當題則天然線索也　章九儀

壬戌小題文數　下孟　主司城　吴

為一貞子。便引出顔讎由作正應。又引出癰疽輩作反照。又引出宋司馬。與宋司城作旁擊。又引出司馬卯。與司城作借形。又引出欒枝、杜宮、喜公、衛文子。為貞子謚法作印證。末復結出孔子所主。以開合順逆。奇思未經人道。可以盡廢從來名作飢餐柱

○○主司城貞子

江南道學使歲考取　周亦魯
入宜興縣學八名

考聖人遇變之所主。原其職而著其諡焉。夫司城宋官也。貞者美諡也。孔子何不厭求詳也。亦以驗其人之○而孔子主之不苟耳。嘗謂禮義為持躬之大防。權宜亦全軀之善術。二者似非可以偏勝也。而聖人之擇焉必慎。終不以彼而易此。雖其人已往。其事已遷。而顯秩榮名。猶令人誦揚其美。而見聖人之循禮蹈義終不衰。昔孔子過宋適陳。此其時非當阨乎。夫從容暇豫之會。而苟且希榮。固非聖人之素。若夫大故當前。而隨遇而安。亦明哲之用應爾乎。皇遽失措之頃。而輕身犯難。固非聖人之○若夫脫險圖安。而稍為通變。亦知幾之

（尚寬）（從于衛節○暮脈）（從微服句○豫脈）

道應爾乎。若然則孔子當日誰氏之庭不可以稅駕。而必若讐由華
是交。蓋與彌子之徒為伍。而就〻擇所主也。不亦難乎。乃方其憂勞
困頓。皇〻無之。一時之卿士大夫咸願聖人適我以為光寵。而北宮
默○深○生○色○
皆驅車過之。曰是不足當吾主也。惟所稱司城貞子者。則主於其家
云。夫司城非宋卿乎。貞子生於宋。長於宋。聚國族於宋。固是而係以
故職宜也。乃身已托於異域。而爵猶仍乎本朝。是貞子之不忘乎宋
絕○妙○意○議○只○在○題○句○中○
耶。抑宋之不忘乎貞子耶。謂貞子之不忘乎宋。惡故君也。貞子賢也。
謂宋之不忘乎貞子。念舊德也。貞子亦賢也。孔子而主焉。則今日忠
誰之相依。即異日道誼之相契也。抑貞非美諡乎。貞子姓氏不傳。行

明清科考墨卷集

第十一冊　卷三十一

謗不傳弘聲㬋譽亦不傳固是而係以茂職亦宜也乃行已治於當詩而名猶揚於身後是貞子以司城重耶抑司城以貞子重耶貞子以司城重則蒞官必有特立不阿之節稱貞無愧也司城以貞子重則居心必有挺特不拔之操稱貞亦無愧也孔子而主焉則在我之臨難而不苟即在彼之堅貞而自矢也蓋天下有急而投其始自謂無妨不知大之為道德之疵小之為身名之玷者亦此故之也故孔予雖退不及待而必以去國懷鄉不忍負於君者亦不暱於友矣下有難而免其始似可行權不知顛之有比匪之傷從之有溺志之累皆自比開之也故孔子欲不貽後悔而必以忠誠謹篤不欺乎吾節

者為不敢吾交之孔子之慎擇如此而謂苟於所主乎
小題至萬曆中葉始開狡獪法門假借襯托宜客奪主自謂天花
亂墜其寔無聊之甚耳嘉隆以前雖題事寥寂仍不溢本位乃三
跋有餘芳歸諸公文具在可考而知也此作滔滔滾滾卻只就題
闡發無一字假借襯托可謂正始遺音僭同人原批
題句中逐字可以抒寫出議論來不向此處搜抉乃別求假借襯
托豈是好手同人批語可裁世之以尖纖為巧雋以亂襍為奇橫
者蓋雖在萬曆以後其能者政亦未嘗於題外求奇也

主司城　周

主司城貞子　以其所主　二名　范宏星　吳縣

慎所主於臨難之時、觀人者宜分其類矣、夫孔子於所主臨難猶不忽、甚矣主之必慎也、欲知近臣遠臣者盍分其類以觀乎、且聖人擇人而與者也。其審慎之思。不於流離困頓之中而自遺其初志。盖異地而謀即次之安。行踪所由托也。而即氣類所由分。淺見者流。惑於流俗之言。而漫以相疑。其論古之無識也。早知其衡品之無術矣。孔子當桓魋之阨。斯時也。遂去宋適陳。身為遠臣。而皆踪異地。皇皇莫適。在陳之臣。設有闇聖人之蒞至。開門延納。修賓主之禮。吾意夫子當不暇擇主而投矣。而夫子未嘗不慎也。其

伏筆無痕

所主蓋於陳侯周臣之家（點題清晰）昔於宋為司城之官而謚為貞子者也夫貞子之行詣不見於載籍然即其謚以思其人殆賢臣也嗟乎行李倉皇流離安其匏瓜琴書之素而相依患難猶自深其分耶鄭重之思士君子偶然投足暫爾棲遲其不肯苟安固若是耶（頓住）蓋蹤迹之合即為臭味之投彼此各判斷不以常變而易其薰蕕故行無詭隨可想見至人之節槩而情性之孚始見穀氣之合邪正（束上）所分斷難以與類而獨為投勢故鑒衡有術當互核其賓主之醇（落下）疵蓋近臣必有所為主遠臣必有所主分觀之而其類自見合觀之而其真以出何也類聚之迹顯然易見故有居同國仕同朝生

平行詣未見表異於衆而四方賢人君子咸願一識其人則其人

二語大槩言不必粘寔孔子貞子也

最得之

可知也有人焉來自異國且未詳其姓氏而其所欲通晉接致殷勤者寔為我國之名流此其人又可知也即近可以例遠亦即遠可以例近理之固然有斷：不可易者是知慎所主者不計其時當顛沛而不渝其節自可信其處常善觀人者必從其類即流品而互定其衡自莫逃其藻鑑夫孔子遠臣也貞子近臣也雖當阨而所主如是乃猶疑於癰疽侍人之主其殆未聞觀人之法乎

按轡徐行絕無矜張之態

主司城貞子　二句

會稽　俞元茂　昜再

詳聖人當阨之主、其人固具在也、夫貞子臣于陳侯周、而其初則宋司城也、孔子當阨之主、此真其人耳、且夫人之阨于患也。其異于安居明矣。謀適為主。急何能擇。解者曰。人即不苟仕。夫寧不畏死。固未可以相苛也。乃孔子當阨之主則不然。考之晉廢司徒為中軍。以僖侯諱也。宋名司空為司城。以武公諱也。故司城之稱獨見于宋。宋之擇能者而使。較他職為重。若貞子者。稱其官矣。獨惜[illegible]人。陳實用之。豈孔子不悅于魯衛。貞子不悅于宋耶。夫陳多[illegible]也。在[illegible]有栗門之縣。[illegible]日發田。東門之役。陳由堙井陵夷以

夫晉居暮偏楚蘇[illegible]惛然恐不能須臾以貞子之賢何
容乃獨抑鬱至此且貞子獨不念陳之先胡公大姬之祖已
[illegible]陳○入○齊○好○此○衛○參○相○決
矣齊也哉令其繁援附麗如陳桓子輩必得用所來足徵獨齊卽
爾時當國諸臣急欲收名節之士以自衛貞子較然不欺豈無
羅而致之者而頓落落不苟沉淪下國猶憶陳敬仲奔齊辭卿其
辭○衛○卿○好○合○仍○從○陳○轉○出○辭○齊○卿○與
賦詩曰翹翹車乘招我以弓豈不欲往畏我友朋若其貪位倖祿
是遠官謗而貽良友之愧也夫送往事居耦俱無猜不愧忠貞之
目故觀其諡可知其行彼衛之先有北宮喜者實與齊豹為亂而
亦稱貞子其視為陳侯臣者相去賢不肖何如乎蓋自是而孔子

得所主矣惜乎他日者匪兕匪虎率彼曠野時無貞子左右其間

才致又宕筆無停趣

遂令孔子有陳蔡之阨也士君子相見問無恙外先賀得賢主人

恰映當阨

嗚呼其貞子也哉

於衛明還出顏讎由於齊却以在陳主人嘖抵而於貞子仕陳

憑空看出不苟仕齊與孔子為水乳之合聯而連之直是心照

天外而措華綴墨如雲委蛇如星離披莫窮邈邈翩翩之妙

主司城

俞

主司城貞　所主　　名曹仁虎 嘉定

稽所主於當阨而所聞可証矣夫適陳而主貞子可於貞子觀近臣即可於孔子觀遠臣也然則觀臣之法不可進述所聞乎且人臣遠適異國雖當患難之時正不可不慎所主也蓋一時之托足即一身之素履係之大聖人處變之方不失處常之理凡以物從其類而知人之權度即於是精焉孔子之微服過宋非當阨時哉吾思孔子以遠臣居宋而不安其地則以宋之近臣殆之也當其時天涯寥落悵行路之多艱羈容無聊幸萍踪之有合停驂税駕之下其所稱東道主者或不暇致擇亦誰得而議之然而孔子而

陳所主之近臣要無異於衛所主之近臣也所主維何則可[illegible]
子是夫司城宋爵也使當日者貞子尚臣於宋吾子雖遭厄難為
貞子者當必抗身衛于司馬雖頑何足以肆其害哉乃其始則委
贄於滕國之主而其後復羈仕於有媯之君意其人必非禮不居
非義不處以命自守故於宋不用即去為陳侯周臣也吾夫子至
陳相與通殷勤道款洽素心晨夕相得甚歡君子謂倥偬之交又
往入下筆雍容不迫
得一賢主人云今夫人之不相合決然舍去終已不顧者道有難
通也人之相知一朝握手相慰勞如平生者機有可感也觀夫子
而貞子之賢見觀貞子而夫子之正益見清風亮節卓然堪師易

有之曰同聲相應同氣相求此之謂也而世猶或誣之則曷不進
述乎觀人之法一且夫不觀其類之聚不足以定其品也不觀其群
之分不足以徵其詣也蓋一國之中位列班聯者則曰近臣分居
跡邇者則曰遠臣近臣之必有所為主猶遠臣之必有所主也而
平列之中自然見側
信宿之淹留亦關學問偶焉之栖托印訂終身觀所為主而近臣
可知觀所主而遠臣豈可知古今來才不相敵未許深知孰此例
例叙吾聞
以相天下士而賢奸臧否有百不失一者吾聞在昔猶歷歷堪志
也然則不觀近臣不知遠臣也不觀遠臣不知近臣也氣誼必
其相投性情必覘其相近彼貞子能為夫子主其賢固無論、於

吾夫子因而能卓立不易方其托足不肯有所茍且貞子鮮賢貞
待夫子而名益彰哉子毋惑於好事之說也

自應側重覲遠臣句然過於輕軒輊露痕迹若此舒遲安雅賓
主白清可覘行文之品

主司城
貞

主司城貞　所主　畢亮

稽聖人之所主而所聞爲不誣矣夫貞子而孔子主之則于貞子觀近臣焉即于孔子觀遠臣焉不可述所聞乎且吾與子辨孔子之所主而使但言其常不及其變人將疑孔子也于其變也或不能擇所主而爲孔子之主者亦可以非其人抑知夫聖人處此真有不容苟合者焉凡以辨在人之品而在已之品亦愈著矣微服過宋非孔子當阨時耶夫孔子以遠臣爲旅他國而權奸交逼近臣坐視乃不得已而避之其處ㄑ靡騁之時也即使所主非類譽由輩亦偶焉託亦非其本懷寧得就倉卒之際而[illegible]援議孔子之所主哉而孔子正不然也此有貞子者嘗職司城實爲孔子主云顧或者謂貞美謚也司

批撲人徵秀集　下孟　硯香堂選

下論　　硯香堂選

空○寫○隙○闊○文○章○有○此○境○方○不○平○衍○

城衆也。也同馬與同城同為宋近臣耳，桓則欲殺孔子而貞子則為之主，賢不肖之相懸甚矣。為貞子計，惟有請之于朝，正桓之罪，而不然，微孔子而出諸境，亦主道之常，奈何不出此乎？而不知伊時之貞

占○法○何○等○筆○力○

子實為陳侯周之臣云，斯不亦觀孔子之所主而即可想見貞子之賢，觀于貞子之為孔子主而愈以悟孔子之不苟主哉！雖然，天下聖

上三句一束　荒○亦○奇

上四○陣○法○吾○嘗○聞○得○引○泥○之○齊○

孔子而且疑孔子，天下未知賢貞子而何能知孔子所主之善？無已，則請更以所聞為子述之。蓋然而立君之朝者，不有近臣耶？儼然而造

近清三句眼目

君之國者，不有遠臣耶？人之觀近臣較遠臣而倍明，身居朝寧，周覽臧否之難；資人之觀遠臣較近臣而更刻，輕去其鄉，尤諸疑之易集。即

此○上○既○如○落○市○餘○甃○文○情○奇○幻○與○前○煽○相○稱

如貞子，方其自宋適陳，則為遠臣；既乎臣事陳侯，又為近臣，吾不知

貞子初至陳時其所主奚若要由其為孔子主觀之則當日之不苟所主可知也然則未知近臣于其所為主觀之而近臣可知矣未知遠臣于其所主觀之而遠臣可知矣而謂非司城貞子之賢足以為孔子之主乎子慎毋惑于主癰疽主侍人之說也

正提一筆

上下綰合機法天然而淡宕蕭疎筆意大得龍門神髓

巧搭小題啟秀集　下孟　王司城畢

主司城貞　所主　劉青震

即聖人之所主者可以得觀下之法矣夫賢如貞子其為孔子所主也亦亦然而近臣遠臣觀之各有道也曷不即所聞而概言之今夫人類之各別也往往于賓主交接時見之故聖人之所投合雖當患難相迫猶必慎擇其人而不敢苟焉以托處亦可知世之妄議聖人者非惟不識聖人即所謂觀人之術亦概乎其未之聞也如孔子之過宋而遭陳非當阨時耶吾思孔子雖抱聖人之德而所如不合羈旅遠方苟陳之近臣無有與孔子志同道合克引為知己者不將感慨靡聘貿然不得其所主哉豈知孔子為東西南北之人為遠臣時

帶下截衍字輕逸

知定顏面

映帶下截

章□府湖

國多而當日名公鉅卿未嘗不盡交遊之禮而隆友朋之誼焉寧在陳而獨患所主之無其人然則孔子之于陳其所主者果為誰蓋司城貞子而遂為陳侯周之臣也夫貞子之行事不少概見而因名以思義吾知其事君也有忠貞之誼其持己也有堅貞之節以貞子之賢而得孔子主之相得歡甚將見貞子樂得孔子以為主者孔子卽（引入下截傳神之極）樂得貞子以為其所主假令天下之為主者而盡如貞子則凡四方□乎或慮其寡合也何以進臣者必遠臣之所為主也抑使天下之得所主者而皆如孔子則凡到國名臣不至或虞其比匪也何也遠臣皆必以近臣為所主□□凡所為主而近臣之賢否可知豈

下二句用側筆收住法　作停頓虛字妙

觀其所主而遠臣之邪正獨大乎吾固斷之矣苟不得其竊人法而輕議夫聖人勢將疑孔子之為遠臣亦可澄主于近臣之家子之在陳遲回審慎必得貞子而後主之耶好事之誣亦異乎吾所聞矣

觀孔子之主貞子正以觀遠臣以其所為主也緊緊扣住題之詭句而以觀近臣句為波瀾出落亦用側注可謂一線不走湯子方上下映合絕無痕迹中間借主司城貞子句引到下截順帶隨落更不另起爐灶結搆之緊机勢之逸無以踰此　費巽來

第十一冊　卷三十一

○主司城貞　二句　　魯德升

誣所主之不苟變也而常可知矣夫必如貞子者而孔子主之則所主之不苟可知也當阨如此况其他乎且人雖介然自守不欲苟合當世而或者禍患之來則望門投止未為大失將在己有以自靖而世亦不得而妄議之乃大聖人則閒有不然者盍觀孔子之當阨乎想當日都伐檀削迹倉皇出走宋之人群指而目之曰是行也必之大國使孔子于此頓忘義命之思而徒有羈旅之感則稍德臣之得暴乎日素所交遊者皆權藉不揣不羗一引手拔思欲攫于大邪交得當以報焉則若晉之趙鞅齊之高國楚之關屈靡矣不可主者而孔子不為也彼其所主時則有若司城貞子為陳侯周臣稱其貞

全浙小題文鈔　下孟

予家臣也同城又宋官也身為近臣不能助其以共襄大業而復嫌無所入國家食上甚至有一孔子而不能進有一桓魋而不能遂從越在他國苟全性命是其才不足稱也且陳侯又仁國之主也士君予欲有所為必先內度其身外度其君視其足以有為者而後就從焉吾則浮歷九州而相君耳焉能鬱鬱久居此乎不度其君之賢否而漫焉臣之其賢不足稱也若是則從予亦何取乎貞子而主之者蓋當日羈之遲亦孔稔矣以大聖人而必欲殺之況貞子乎貞子乎此欲淨清君側則大權未握隱有震主之憂欲將自全則大義既乘隙殺此暱之戚不得已而遠畏威以避之故書司城係故官也從所害之以貞明其心之不忍忘宋也當貞之心之錄之一証也其臣

陳侯周答何貞子以為吾託大國雖必注之而謀我事齊若
實不察其罪而我又晏然居高位尊崇奉君其以我為遂忘宋乎故
寧處不勝之國以待之與幸君之一悟雖之一改也又陳與宋同憾
三悟之地不得于宋者姑待于陳猶勝于遠託與國也此又貞子之
賢之一証也明乎貞子之賢而知乎所主之賢可知矣明乎當阨所
主之賢則不當阨之所主必無不賢可知矣人奈何妄議孔子哉

題本重主字丈卻欲翻騰變都從貞子身上發論蓋貞子之賢說得透則孔子之不苟主自見此所謂烘雲托月之法也　伏滄柱

主司城　魯

主忠信徙義

歟文涂　引　蘭泉

合心與事而致其功、內外交相盡矣、夫忠信與義雖有體用之殊、而其功實一貫也、主焉徙焉、內外有不交盡乎、且吾人之心固至誠也、而天下之事則又至變、故非有至誠者無以操至變之原、亦非有至變者無以顯至誠之用、夫惟勿貳勿參、肯容常尊其宰、蓋神義利措施日啟其新、務誠實而妙變通、於以見功脩之並切焉、師問崇德、亦知立心制事之功、固有不可偏廢者哉、蓋理有定象、偶存者中多偽、旁及者意尤歧、寸衷既失於游移、則裁制無權、何以策風雷而遷善事、無定程、張皇者動必乖、固執者往有吝、百度

語語精守中見旨識

語勁鬆勁

既違乎準則縱浮華克彩豈為體天地之存心必也致其功於忠信與義乎直內者有基勿壞誦詩而可薦蘋蘩方卜着日進无疆（字字敎全得的確）遵路而可陳曠範所以忠則無妄信則無欺義則無遺無莫而畢生綿蔿廣之荒必也致其功於主與從乎往來之憧擾胥捐惟覺立中而不倚日用之權衡悉當要期還地而為良所以主忠則可貞主信則可久徙義則可經可權而一已無好高之弊於是以所（清發論書意義層之）主者聰諳推行則貫心即發為實事以所徙者本諸念慮則全功更遲以全神焚勉焉而有守有為初無假飾且以忠信為徙義之準則處進而不易其方以徙義為忠信之流則宅中而不膠於固

互致焉。而惟精惟一。益裕姱脩。特是主在内為靜境。靜則易欺。從因時為動機。動則難合。惟有忠信與義。以握其全。斯靜即存純一之神明。而動亦克取裁之分量。忠信宜勉於始終。鮮終則偽義合隨夫深淺。嘗淺則違。惟能主與從以操其要。斯終身無客感之紛挍。而深造盡轉移之妙用。夫然則主忠即為意之誠。主信即為心之正。從義即為身之修。此際之同條共貫。其功本見於相因。而言忠則可以該恕。言信則可以周仁。言義則可以合禮。此間之觸類旁通。其功總歸於無間。德之崇也。有不在主與從者哉。師亦惟致其功於忠信與義而已矣。

樸菴老嵩原評

心精力果花破題堅周萧堂

主忠　徐

立天下之大本　方苞

觀大本之立惟至誠能盡其性也蓋天下之理出於性不誠則性有不盡而大本不立矣然惟至誠能之也且人受天地之中以生是天之所以立其本也乃人受而傾之而因以日漓焉至其終有一善之不能存而一物之不能辨者矣苟非有植其全體而渾然無所蔽者亦焉知其萬物之皆備而為百善所從生乎至誠之經綸大經所以致知也而其本由于致中蓋其誠之本天者獨感故仁義禮智之性雖與人同受而獨無疵累焉其稟之所據者深矣其誠之在人者未漓而仁義禮智之德非惟不迷而益自濡洽焉其力之所持者厚

目無餘[illegible]

方靈皋全稿　百七　中庸

矣故天下之大本亦惟至誠能立之也喜怒哀樂性之發于情而流
精深閎肆
通於天下者也循之爲害也悔吝所由生飾之爲禮樂政刑所自起
而天下之亂止此矣使一有人欲之私以參之則其本已虧未有發
之而不偏用之而不窒者也惟於未喜未怒未哀未樂之先使卓然
精明而不可亂則任天下之感可以從橫出之而不悖矣視聽言動
性之達乎才而運量於天下者也顯之而是非得失異其形微之而
精粗廣狹異其用而天下之變統此矣使一有人欲之私以入之則
其本已虛乘斯不得而役于外昏而遷于內者也惟使爲視爲聽爲
言爲動之理湛然統一而根于心則體天下之賾皆若左右逢之而

不二矣立者固其本而勿使撓也學者之制私存理亦所以固之乃

五字講得細并精確著析曉

始之既撓而求復其所則其枯已弱矣而至誠則本未撓而益固之者

也此情欲攻取所以欲撼之而無從也立者深其本而不可拔也大

賢之閑存積累亦所以深之乃應其可拔而培之使堅則其入深矣

而至誠則本不可拔而益深之者也此殊塗百慮所以日發焉而不

匱也以在人之性合之天地之性而無所遷移故以宇宙之繁納之

有寸之數而綽有餘地此皆誠之藏也

中庸得此等文爲義疏如五星麗天芒寒色正使人望而生歆　韓

慕廬先生

朴老繇枝葉達于理者自顯于辭也使優孟抵氏者當之必擬詒

尉見矣　李既晉

[illegible][illegible][illegible]文[illegible]顧[illegible][illegible][illegible][illegible]之[illegible][illegible]峯日[illegible]哉[illegible]靈臯兩人耳纂四則

金天

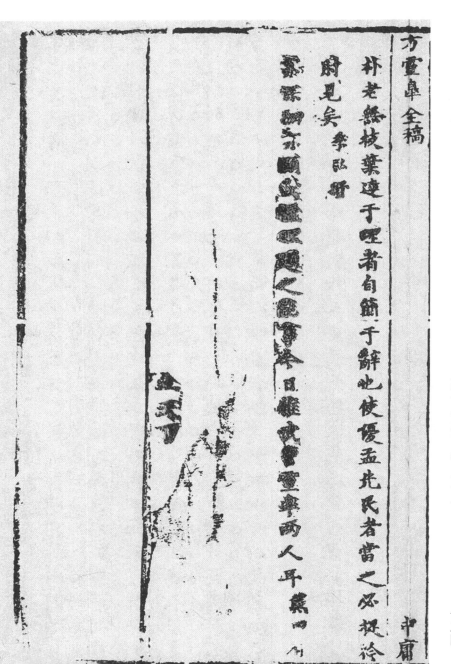

立天下之大本　二句　　張　江

至誠有盡性至命之能、所以為敦化也、蓋大本化育雖判天人、共理一誠而已、謂至誠而不能立之知之也哉、中庸以明大德之敦化曰大哉誠乎其性命之源乎道率於性、通於命而性命統於一誠、故非至誠不能傾性命之理而盡其極也、吾由經綸大經而進窺之、今夫於道言和者於性言中成性存、道義之門誠之所

張經綸入○大本

○點○精○

為全體於人生而靜者也天下之大本也而能立焉者難矣惟天

○立○字○本○領○而○體○缺○一○不○得

下至誠所得於精明純粹者既無幾微之襍而又主靜以立極使

○六○字○確○

○恰○所

夫仁義中正之定於天者不以情偽利害而搖是故寂然不動感

而遂通乎足以容足以執者為能統天下之善而公天下之利也（再疊）齊足以敬足以別者為能嘉天下之會而貞天下之事也非有所（一二而進理氣象乃足）（歸到至誠）而自不亡非有所理而自不亂此無他誠故無欲無欲故靜虛動直而雖有感遇聚散一根柢於此心之神而無方者為至誠之（跟大本入化育）致中而能盡其性者又如此至若在人為性者在天為命維天之（強對）命於穆不已誠之所為流貫於繼善成性者也天地之化育也而（知字亦有兩層工夫）能知之者鮮矣惟天下至誠所體諸出王游衍者既無須臾之離（知字緊）而又窮神以知化使夫元亨利貞之鼓乎物者即吾瞬息呼吸而（強對）通是故清明在躬氣志如神分陰分陽而對待者為能以吾心之

仁知各得而與之協也互陰互陽而流行者為能以吾心之仁知合一而與之契也夫道至教無為而成聖人至德不言而信此無他誠故不貳不貳故純亦不已而凡其盈虛消息一默識於此心之大而無外者焉至誠之盡性而能至於命者又如此皆大德敦化者之能事也

質直渟健中鑒鑄炳耀声光四出是謂經籍之華　黄啟彬

五子之書七穿八透恰與題義相發明有左右逢源之妙不似時手活剝生吞　王畀皆

立天下之大本

陳紫芝

以所立言至誠盡性之能事也夫本莫大于性至誠盡性者也故以立本之能歸之今夫天下大矣苟安坐事者既不能以有濟即不然事而謀之雖大聖賢之神智亦幾乎窮乃有一理焉為体至約為用至宏

盡出性來

盡其事者雖止循乎皇降之固然而自天下觀之以為窮原之學問非斯人莫與歸也則吾于經綸大經之外仍推天下至誠矣天下事之难

即大經內有許多作用

也即數大經之內經權常變勞吾以曲析者正多自非有托于其始者用息而竭用義而亦竭有以知操術之陳矣天下事之紛也自數大經

更說大經推說

之外道德功名待我以施為者何盡自非有統乎其先者恃才而窮恃智而亦窮有以悔恃功之淺矣是故有大本焉先天下而為本而天下

至大即合之為天下之大本唯至誠為能立之矣大本者萬理之所聚
也形生神發以來一念之中各具岐會歸之極迨嗜慾起而亂之而所
（立字亂唯此透理）（不拔誠字有來歷）
恃以會歸者已無地之可托矣唯誠至則無私無私則至虛之体日懸
焉以與天下相待凡夫有容為仁有執為義有敬與別為禮知竅其形
則無端求其理則悉備也無他所以立之者素也大本者萬事之所出
（所云靜[illegible][illegible]基功夫從此出也）
也繼善成性以後未發之象早裕夫肆應之机迨情識起而襍之而所
（虛實二义發誠）
恃以肆應者乃無基之可據矣唯誠至則無妄無妄則至實之理日具
（亂唯）
焉以與天下相周凡夫近而聖人遠而盡物上而參贊天地無所過而
不動有所感而畢通也無他所以立之者豫也馳騖之士兼營并包謂
（此以功名之）
足有為天下矣夫徇天下而不知所本必窮之道也故知名勇功有時

士衍形……急大議論

受囿于氣數唯取之于性体則可達可守而必不可窮聖賢若豪傑者

守者本之偏全而已清淨之流致虛守寂以為獨合于本矣夫遺天下

而談奉其本善用之學也故云為變化必難取給于空虛唯率之于性

真則有識有才而總為有用正道與異端所辨者本之真偽而已蓋道

出于性明体自能達用性盡于誠主一可以御煩由是大本之所從出

吾知其又有合焉

隱躬性字緊根誠字曰立曰大本字字透宗可謂破天心穿月脅矣

立天下　陳

立天下之大本

陶望齡

中庸論至誠而以盡性歸之焉夫天下無誠外之性亦誠至而性斯盡矣大本不自此立哉中庸之意以為天下之理散于倫物而統于性真至誠者固不特經綸大經已也吾知由天命則為性舉事物之賾而曾有出于性之外者乎性具而大本立矣由天命之無妄則為誠舉所性之理而曾有出于誠之外者乎誠满而大本裹矣性以下至誠也妄機盡黜而心全賦畀之精一真自如而中含變化之妙吾性本虛萬化涵焉誠則無所以罣之而虛者完矣緣虛以應而一張一弛舉從生也蓋萬化之權與已自我而立之固也吾性本寔萬理

倫焉誠則無所于撓之而寔者完矣孰寔以御而一闔一闢皆彷出
只將首章喜怒哀樂天地
也盖萬理之根柢已自我而立之堅也一中未發而喜怒哀樂之用
萬物證明天下之大本何等明徹
已斂而具之于淵乘若有以培其源而然者何也降乘之始此性原
無不自至誠者能不失焉而已矣觀闢未交而天地萬物之精已默
而存之于方寸若有以植其機而然者何也受乘之初此理原無不
具至誠者能不淆焉而已矣盖誠即性之本原而誠存則本真自立
明雅
性即誠之寔體而性立則妙用不窮吾以是知天下至誠為能盡其
性

圓雅合度渾然無迹　艾千子

尾

陶石簣全稿

字字明確理甚疏別精深不比後人無根之語　于具

立天下

立天下之大本

楊大鶴

盡性必推至誠，大本所恃以立也。夫性為天下之大本，能盡其性，而大本立矣，微天下至誠，誰與歸。且萬物相求于無盡，而變化之用弘焉，為思夫變化所自出，而萬物皆備之原，固已盡人而具之矣。然盡人而具之者，幾無一人焉與為存之。惟無私之至，有以相養于甚深而始確乎其不可拔也，是可由經綸而進推之矣。大經其散著者耳，天下有散著之大經，又有未始散於處于一端之未肇，然而非虛也，舉紛然各出之數，無不于是焉統之，則何也。經綸其顯設者耳，至誠有顯設之經綸，抑有未嘗顯者，積于耳目所不及，然而非隱也，舉槩然可見之數，無不于是焉萃之，則何也。所謂天下之大本，非即性之專

力透紙背

是大本

楊芝田真賞　中庸

于同初非至誠之所獨而性期于盡必非恒人之所能惟天下至誠為能立天下之大本矣本貞夫一者也人徒見太極既分以後岐之而為二殺之而為萬遂謂天下之理如是其參錯不齊而不知皆至（闡發大字宏中肆外）一之所具誠之既至而此理不歸於靜正乎夫退藏之所得為數無多然惟立乎少者之可以觀多也則天下萬有之塗其遺于至誠之（二義精確）所立者蓋已寡矣本從其初者也人徒見聖賢相繼以來傳之為學術描之為事功遂謂天下之理如是其富有日新而不知皆最初之所格誠之既至而此理不形其強固乎夫宥密之所存舉非後起然惟立乎先者之可以統後也則天下雖事之端其托于至誠之所立者固已全矣且夫大本之難于立者內則有不自必之心而外又有

观承旁流方是惟天下至誠方能至耳此文即

不可知之習也性處于心而人之心不能有理而無欲或物交而受

見反此節無此語筆力斷之

其引或意起而涉于私淇初自謂無傷而憧憂既開吾性之至一者于是乎雜大本之所以失于二三也誠至則無欲無欲則至一之外無復雜而不一者以間之幾微之累不設而天下之云為動靜悉泯于無形無象之中此不得不推至誠耳性繼以習而人之習不能有真而無妄或作偽而入于異或徇物而安于愚其始不甚相遠而偏私日積吾性之最初者于是乎漓大本之所以靡于人事也誠至則無妄無妄則最初之体無有漓乎其初者以間之成性之養至純而

光斂万丈

天下之事業功能靜息于不覩不聞之始此不得不歸至誠耳然而至誠不期其立也不期其立而立夫焉有所倚

楊芝田共稿　中庸　[illegible]閣

楊芝田英稿　中式　第八名

大本一疊立字一疊後二比更蒙章首七字無横浩衍此[illegible]王説

能立處風行雲散日出霧消中庸極壓悶題經芝田手無不爽豁

只是胸中無障筆下有鋒耳

立天下

立天下之大本

浙江王宗師科考
秀水縣學一名　鄭尚麟

至誠盡性之能事、有以建厥中矣、蓋中為天下之大本、而誠者聖人之本也、誠斯立焉、不足見盡性之能事哉、今夫人性中有大本焉、其用之藏發微而不可見、其仁之顯充周而不可窮、然必存性而後道義出焉、則不能無待于至誠也、大本者何、中而已矣、惟皇所降者中、而非真實無妄者不能凝承、將何以為吾心之根柢、唯民所受者中、而非純一不雜者無以保合、將何以為萬化之樞紐、是大本也、氣偏于生初者既無不搖之基、而私中于後起者不免有將撥之勢、而欲其立也、唯至誠本得天之隆、有盡性之實

原批：選用。精合。

著根無已完全散渺則露快

老至

老筆

性本至虛無一不具至誠有則虛故無以累之而虛足以待天（靜虛二柱本先伸）（穴頭處）（精警不刊）
下之實則三極大中之矩悉于此翕聚焉而基之而勿壞亦樹之（立字刺入）
而務滋性本至靜無一不涵至誠無欲而靜故無以擾之而靜足
以宰天下之動則至德要道之蘊悉于此凝固焉而操乎其有餘
寔確乎其不援修禮以耕之陳義以種之維持調護亦異安土之（三比反覆抉摘有精理而無膚詞）
毅而至誠則有以植乎其本一私不存萬理明淨無待外致其滋
培而根心以生變化則所謂立人之道者此也知者見之謂之知
仁者見之謂之仁派別支分孰非恃源而往而至誠則有以從乎
其大一物不引萬物皆備無事分觀其會通而握中以應無窮則（所謂千變萬化皆由此出）

所謂立人之極者此也故渾然在中則神無方而易無體卷之而藏于密者固無從窺其立之形及感而遂通近不遺而遠不禦放之而彌六合者自益形其立之妙蓋誠即性之淵源存誠則性之根本以立性即誠之統體盡性則誠之妙用以行而要即至誠之致中也其能事豈易量哉

合体用言立字義俻

帶源

明白純粹頗能剪截浮詞　原批

此等題着一句元遠語不得着一句幫襯語不得似此靠定發揮直抉底蘊知其本領勝人

立天下之正位　黄藹臣

立於禮者斯無虛于正位矣夫天下之正位禮也能立乎正而何必以順為正哉孟子因論儀衍及此謂夫人置身天壤苟思樹立以無（訛上句後人有深慨）不朽則存心而外莫大于持身矣乃世之憤憤人口者徒竊取人之權位以自立而其身為俯仰從人之身則吾不知斯人之位置果居（揭上　議勁態神采不費意）何等也（次出位字）今夫儀衍豈不謂伴御相之位而立之哉而不知其所立者（又單正字）非吾之所謂位也（次出正字　一聞即明吾書謂天下之正位）蓋天下有正位焉賦之于天為自然之秩叙傳之（出頂播天下正位之題立）自聖為不易之規繩小而言之凡人所為持之恭敬之重視無淫而聽無偏者胥是物也而非是則耳目無所加手足無所措矣大而言

之凡此所爲天之經地之紀民之則而物之防皆胥是物也而非是
如此說皇極合大史長盛成　久出立字
則天地無以範民物無以成矣天下之正位舍此而誰則能立之者
況皆句映落古見二句同是一起二出正飛正字
哉有人焉其存心既在于仁而其持身即在于禮當幼學之時則以
纂切若于自分化在不斷下湧
正位爲立身之具博文以約之既已以復之以要于無過不及之內
而無倚寬假値壯行之日則以正位爲立禮之資出入而必由萬鐘
一也分照浮意不落
而必辨以歸于不偏不倚之中而不少粹終乎而有位則虞夏商周
志推而五字總發動日家而大大大三字色畫抵上作文如
之制作供我取攜而宮室之除車旗之美食色之盛胥受裁于古制
此開而成貫十八於也吾浪再則不可
之中而以正位範吾之有位而卓然有以自見不幸而無位則齊梁
鄒魯之邀遊不拘任用而辭受之精報答之殊去就之異亦先於乎

睠上之意而以正位善吾之無位而毅然有以自守立天下之正位
上合來脉
如此以視夫儀衍之輩以順爲正立妾婦之位而寵不能自立者其
相去爲何如哉

先將正位提起透明意義折入立字以下暢發立字之蘊理持身
制節規模弘遠絕非儀衍家當下大丈夫字樣已自蕭然而變堂
皇詞彩蔚文之最有氣焰最易動人者

立乎人之本朝而道不行恥也

吳　智　始乾

仕有不期行道者為貧者誠知恥也夫必道之行而後可立人之
便自謀家○又祿不著一字寓○解
本朝不然則恥矣此為貧者所以必辭尊官也哉上吾觀世之養
尊處優居官祿、無奇節而特祿位以終身者何恬然不知恥也
彼其心必將假為貧而仕為藏身之固請仕固不必盡以行道也
○卽○爲○朝○升○抑○跌○顯○實○祿○遷○與○當
以仕固有不必盡以行道者則位卑而罪在言高者其宜而此以
其已何則國家設高爵以來天下士豈曰吾能尊顯之而已惟
道在而敬求斯屬也則推敬求之心豈容貪冒者苟進仕者食厚
祿以任天下事豈曰吾以苟富貴而已惟道在而敬應不疑也則

孟子

權敬應之豈容溺沒而不知而奈何有立乎人之本朝而道不

正寫只此道體數語餘則皆導脈拓疏也覷

行者幾與者罷矣而庇人不治且浮沉於旅進旅退之班而一無

今吾舊題句豈不當卧地下

屬則何以對我君可言者誰乎而尸默以容且徘徊於為上為

直將恥字從為貧者心中看

史職而居然膴仕又何以謝我學恥也為貧者日夜念此至[illegible]

出仙乎仙乎以下俱從此意一線拖邐覷無一語人云

也一錫之鞶帶或琴縮而不敢承非辭尊也以辭恥也不然初不計

其道之可行而靦顏而立於朝則終朝三褫吾業其實不必果膺

其議並養以尚烹或卻顧而不敢受非辭官也以辭恥也不然絕

不憂其道之不行而隱忍而立於朝雖一歲九遷彌益厚顏而將

何從解嘲也緣此恥以擇所宜本朝不足行道而不行則恥其妄

立本朝足以行道而不行則耻其使立摠不如投閒置散之足以
○狀○格○歧○循○孔○○○入○智○
自安一緣此恥以定所居無道立朝而不行固恥其道之不足有道
立朝而不行亦耻其道之不公究何如食貧居賤之足以無愧盖
行道之仕與為貧之仕久矣其不相混矣然則抱關擊柝委吏乘
田之流所以免罪即所以免耻也夫

是從來動手先理着題脉來既動手便從第一字至結末字甘
心着題脉去無一字放倒本文呆寫如外間之同床各夢也
凡題有貌如此而神實如彼氣止直下而脉欲曲通者便須一
面明々寫此之貌即一面明々已含彼之神一面只是順此

立乎人　吳　孟子

直下之氣。一面即已融彼曲通之脉。於一是二、仍是一。不但如張藻之一手雙榦。絳樹之一歌復黻也。庸手就貌渲染。而於旨題脉直至鑿枘不入。間有于鋪寫中偶帶一二觀映。便稱曉事。此如輪囷巨枿。根株已絕。而一二朽折之枝。偶為馳驟之動。遽謂此生意宛然也。其果洊嘗丁生意乎哉。此故不失為解人。不失為通儒。熊漢陽位卑言高句文。偶借史事發攄己意。其實以放倒本題實發。便於書脉不相駘合。仍爾上乃云書脉故於下句見出。此句便似只可就事自寫。其不免因𦒿宿而為之辭乎。吴

立乎人之本朝　恥也

江蘇尹宗師歲考　新陽縣學一名　周振郜

鑒竊道之可恥為貧者益知所自處矣夫所貴立人本朝者為道行耳道不行乃恥即隨之為貧者不當計之決哉且君子皇皇於仕亦曰行吾道而已矣自顧平生挾持早裕此身不出如吾道不行乎是則仕非為貧之說也然而為貧之君子時且以無行道之責為幸而致凛於言高之獲罪抑何也今夫位之尊且富宜莫如立乎人之本朝百司庶職供奔走已耳而垂紳搢笏惟是公孤師保用以表廊廟之登崇佐化承流列曹署已耳而養大若高惟是喉舌腹心用以備朝廷之倚毗以是為仕寧獨身都顯位貧寠

轉合處語皆中綮

無傷抑夫道之行志焉未逮自此致吾君於堯舜熙鴻號於無窮
應假手以大慰平生也頗為貧者及此更愁乎有恥心焉其亦有
說且夫君子之求仕也豈嘗一日忘行道哉（二樓通體俱靈）草茅歌誦殷然於論
忠獻納之猷則曰吾他日得志將有為也幸我道其有成矣浸假
用行可卜我方謂遇之隆也道從而隆而不圖道之汚也身從而
汚匡格之術學何為而頗以鍾鳴之虛靡畢樞衡之能事（堅老切响）事外閒
觀較然於翊運匡時之畧則曰吾儿諸行事當無負也業得道之
難獨善矣浸假推行有漸世方望道之亨也身與俱亨而詎意時
之塞也道與俱塞夙昔之心期具在而頗以當塗之吏隱玷高位

之官箴是故仕不幸而不立乎人之本朝也仕亦幸而不立乎人

音節俱古

之本朝也使道而惟我所欲行則顏汗亦太早計耳正恐我有道儼拜獻乎人之朝人有朝實難容夫我之道將素飧覆餗幾淪胥集於無端抑使道而惟人所取行即忸怩亦差可解耳正恐朝可立盡我道以委諸朝道可行卒不行以還諸道當速謗承羞引退亦聽其已晚夫廉恥與道盡喪於竊祿之官而辭讓之心僅存於居貧之士仕本以行道也道之不行豈遂殆哉豈遂困哉士不可以苟富貴容留我道以覩天命之竟何如耳我故曰為貧者辭尊居卑辭富居貧也

收束處精神百倍

語〻從辭華富帶肺腑流出有幾回不得已處此爲鹽腦吃髓〇筆之堅蒼雄渾不待言〇

楮揩升

句〻是全章結穴無一語泛設但覺書卷之氣蔚〻芊〻浮於楮墨間〇夏平三

立乎人 周

必不得已而去於斯二者何先　李枝桂

議去于食信二者之中以其必不得已也夫食也信也二者宜皆不可去也而無如其必不得已也則斯二者又何先也子貢更進而請於夫子曰甚矣安常與處變豈可同日語哉不歷孟門之險不知坦途之易也不經瞿塘之危不知百川之安也治國者亦然平日抵掌于廟堂之上輙謂不可少者約有數事是誠然矣若乃事勢至無可如何之會有心者出其身以支之不得不舉曩時之數事損之又損之此處變之所以難于安常也兵食信三者政之大經也而既去其一矣有食以固其信有信以保其食二者既

得則國可富而不可貧國可存而不可亡雖去兵之後國可弱而不可强夫何害顧不得已之事機其形不一而足其来百變而未已有以待之則危亡之兆雖見而搶攘之楇未深無以待之則崩爛之勢既成而守死之謀安出此賜之一為計之再為計之而悄焉動懷不能已：者也夫食不去則衆支十年蓄積可以消鄰封之窺伺信不去則人心固結禮義可以卜歷數之靈長斯二者孰謂其可去哉獨是舉斯二者而並存之固猶是我周糴事開基忠厚立國之初而政不殊其為政也若舉斯二者而盡去之恐不免衰世析骸易子守陴皆哭之象而國不可以為國也幸夫子為賜

（精警刺目）

籌之。必不得已而去。於斯二者又何先乎。夫食賴有信也。信又賴有食也。斯二者之兩相賴而可去乎。于不可去之中更商其孰可去。賜之所為驚顧難安。正子之所為躊躇滿志也。而何先乎食。不可少信也。信又不可少食也。斯二者之急相須而可去其一乎。於俱不可去之中。轉籌其孰可去。賜之所為急何能擇。又子之所為好整以暇也。而又何先乎。先夫食而患在食并在信。於是知食之不可先。先夫信而患在信并在食。於是知信之不可先。勢至于此其難更倍于去兵之日。而何可無鎮定之謀。食急乎兵而信若處于可緩之數。信急于食而食又不為宜緩之圖。時當其變。其困更

筆健舉極似正希

劇于去兵之際而寧可無安全之策乎夫時安與安時危與危而扶持之具不能素講者庸人之智也轉禍為福因敗為功而艱巨之乘可以力勝者哲人之識也夫子其何以教我

規畫利害侃侃而談大有陳同甫氣象

必不得

必不得已而去　去食　　俞之琰

去食亦有可去之時，處變所以經常也。夫使處常而使處于兵食，則何以處夫不得已哉。去兵去食，聖賢必非無復之計耳。且為政豈寧乎處變，患一旦之變，而緩急叢百全之策。如國家甲兵積貯，一二大事，誠非得已。然可失事而圖，必難應機而具。夫既藉民為兵，因兵權食，又爭七變，不欲困民以全兵食，則聖賢知其不可也。夫子言政，亦豈外民信而言兵食之足哉。所可慮者紫正足兵食之實，而并無其名；後世有兵食之名，而反失其實。豈比閭族黨皆吾兵也，而司馬不聞於籍，自鄉遂以供，而丘乘上甲卒知有兵矣

餘知有兵而已矣世衍三餘一升者食也而太倉有之藏自
兵餉以賁而屢饑於饑民知有食於是民知有食而食已亡矣乎食上
不以爲歸者而以富爲便兵不以保畜聚衛室家而以糜府庫是
[illegible]
食與民爲二民又兵食爲三而兵食之去久矣奚俟不得已哉
然而用衛生于變究之時齊盡見于憂患之日國家困兵議餉君
兵憂餉而不憂兵爲民之兵民又苦兵而不苦寇是三者之不能
[illegible]
但今者數也始而斂民食爲君食而君但食而不知民既而散君
食爲民食而民知食而不知君是二者之不能兩存者亦勢也從
[illegible]
來空故之壞每在有虛籍而無勝兵故養兵之日其數盈溯兵之

日其數減也夫省無名之費以撫父老之心則境内之士氣可揚（去字中自隱有民信任）
昔先王寓干城于主伯亞旅之中無召募之煩而數不缺無廩給
之費而食自饒是去兵而兵益存從來兵政之弊每在有漏卮而
無藏積故承平之錢穀君不知有急之餉發民不給也夫下困窮
之詔以悔昔日之愆則此際之瘡傷可振昔先王藏十千于九夫
百室之中二黼不可而君不憂八蜡不通而民不懼是去食而食
益裕盍時當危卒殊多擬制之處因變益兵變已而兵如故國事（惜必然不利窮）
加賦事罷而賦猶存所以聖賢議減而不識當抑勢當漸極恒多
更法之變作矣不寧惟是後日之長吏反深改征斂則異日之弊益

大所以聖賢言然而不言變不然予與子貢果自為權宜之說哉
時文每說去足之足食不得已時有兵無食有食無兵本兵食
無民如何得有之兵足食未足兵足食如何便說到死惟兵必
不可去而去之食必不可去而去之惟到萬無可為之勢只有
固結民心一策是從無兵無食中算出來也但國家所以無兵
無食未有不由于足兵足食來從不得已處頭論轉說到徵
兵無兵料食無食術如風吹兵焉得遒快淋漓書
遐截去末之語文知隱然以信字作骨深切事情不入權謀策
畧

段立論無不得已矣看題領脈

必不得已　三者何先

粵西許宗師錄科　陳廷烈
鬱林州學一名

賢者欲通政之窮而於三者商所去焉夫三者之政非所宜去也設為不得已而酌以何先不有窮而可通之道哉想其意曰善哉夫子之言政也蓋三資者備而王道行焉矣然儒者與人家國安所得晏然無事之境而坐獲萬全也哉則盼碩晝而躊躇轉不禁念事會之殉乘而於無策中求一策也兵食與民信既為於其所得為亦一足而無乎不足斯三者固無可分其先後矣寧復有所去取於其間哉三代郅隆之政務求其備故立一法而國勢莫於苞桑發一令而民情安於磐石即使變起倉卒而可守可攻初何

章法不板非徒
詞句妥微

切定第一個商
去意真筆老不
作一模糊語

所用其商，雖一叔世補苴之政，恒慮其疎。故謀生聚而必期之十年，尋教訓而或遲之必世。假令時非萬難，而於此於彼，亦何所用其調停？蓋要其後惟有是三者，而乃無不得已之變，而原其始亦惟無必不得已，而乃克舉三者之全也。且夫已成之局，君子固從本原定決，而未然之謀，吾黨還從異勢衡之。端居而持廟算，雅不願以倉皇之象擾暇豫之胸，然而遭逢靡定矣。非不欲委曲求全以固守宗社，乃搶攘紛紜，旋處以極難堪之地，將見於斯三者去之而國病，欲不去而國亦病也；悉去之而國病，誤去之而國更病也。此時之左支右詘，正無容執一定之前軌，高談上理，致覆轍於茲哉。

人臣于懸之量
除其難出格粹
？[illegible]

○是○啓○○預○防○不○是○用○雖○於○澀○者○悉○敘○出○除○切○第○一○四○

先畜庶而集衆歎殊不樂以困苦之形沮從容之議然而氣運何常矣非不知強持國是以輯和人民乃淩夷衰替偏予以所必至之虞將見於斯三者不去之而勢危暫去之而勢或未危也忽於去之而勢終危習於去之而勢凡速危也此際之壹後毀前又豈

更中○事理

○從○不○則○下○部○去○ ○從○对○面○照○轉○義

容況盛世之良規搏效迹跡貽噬臍於事後經綸苟宜於大展雖

○參○孟○子○弟○三○章○

太平猶必有次第之施而況適當鏡就之秋勢不能兼舉斯三者

細○切

乎則審其重而度其輕而姑置一以為後圖之計庶不至困難割

○從○反○面○挖○轉○

愛求無憾而仍至於兩窮除雨未寗於相乘雖中材亦得妝綢繆之效其如既值癈弛之候力實難驟興斯三者乎故權所緩而專

所急而暫損一以豫思患之防或不至務廣業荒勤叢脞而終隳夫弊事蓋政貴有恒三者固不容缺一而亂靡有定議去以何者為先此賜所莫知適從而顔賛夫子者也

不是去其所有且切第一問頗難有此細心審題之士而羣試時失之相馬者當以多多一顧為戒許雚齋先生

認題既精鍊語蒞粹細意熨貼不知幾經眷到○雚齋先生督學粵西刋試牘八百餘首皆手自照定後復釐為四集以存半之文俱經術湛深不名一體惜集隘不及多録行將重講付梓廣為舉業津筏其文跋巾逸事三則謹載嵩樹雜說云

必不得已而去　二段

安定書院備院長會課　喬之鼎

而籌不得已之去以經行權者也夫去兵去食其能國乎不得已而去權道也不得已而二者先去聖人仍守經焉耳甚哉俗論之謬也薄仁義為迂圖指富强為寔效彼蓋謂撤而守備廢而積財國安所恃以為國哉夫聖人亦非有異乎人之言之也惟是時處萬難勢不兩立為權衡于本末重輕之數乃毅然去天下所不敢去而不疑一如足食足兵民信子之論政詳矣由是道萬世無弊可也夫安有不得已哉子貢曰是必有不得已之時也一依古無百年之治嚴全盛者不過一再傳間耳豐亨久而蘖牙以生漸且訓練

筆力

原評　天寶之亂繁

〇于〇開〇元〇
弛于宴安積儲耗于淫侈尊親壞于文貌其不待去而已幾幾乎
無不去者此亦盛極必衰之機也處變無百全之計矜大器者夫
率皆局外之談耳入事中而補苴立見召募多而財匱徵求急而
心携講讓型仁而甚無所恃以爲固其審所先去以庶幾乎猶有
不去者夫亦擇害取輕之意也乃于罔有以審此矣我國家幸內
恬外熙猶得燕笑從容暫弛武備然識者且以厝火積薪也而憂
〇兵〇中〇有〇食〇
之況變故起一旦平倉卒而具百萬番勿以貧寡示人也慷慨而
〇兵〇中〇有〇從〇　〇亦〇去〇財〇食
誓三軍吾恃以作我愾以激衆也假而將卒情疏器械朽鈍倉廩不幾
〇不〇可〇保〇　〇徒〇信〇亦〇不〇足〇恃〇
爲盜粮與驅忠勇之民徒手赴公家之急抑又知其難也於斯三

者何先其必非兵之謂而子則曰去兵我國家不幸籍寮伍空世
是生聚教訓漸圖恢復然議者恒以民天為急也而先之況存亡
係呼吸乎輸將溢于額外爾百姓瞀螘我共憂危也搜括徧于國
中我朝廷聊為爾延旦夕也假而庚癸在山懸磬在室閭閻尚克
有固志與強梁股之民區區抱咫尺之義誰弗笑其愚也於斯二
者何先其必非食之謂而子則曰去食蓋聖人之謀國也論理兼
論勢勢尚可為姑就其勢權之當三者使有存之日而商不得已
此猶其得已者也國有素飽之衆耒耜利于戈矛士有豫附之心
禮義銛于干櫓較之冗冒以空累世之儲驕惰而釀不祥之氣不

猶愈與將歸于朝憂在內不在外卒歸于亂固以神不以形兵不可去而可去也則先之以此聖人之謀國也論理不論勢無可為尚就其理斷之當二者不並存之日而商不得已則真萬不得已者也藩籬既撤深入者曾無後顧之虞衆志將攜羸糧者莫念

（蒙去兵來　信去食亦去）

（去信存食亦同歸于亡）

祖宗之德就使橫征以浚蚕盡之膏忍辱而緩須臾之計庸有幸與易子而食涕泣可以明心析骸而炊從容可以就義食不可去而可去也則先之以此總之賢者安不忘危必預窮濟困之路聖人變不失正終不為苟且之謀夫去兵猶可言也去食則有死而已自古皆有死民無信不立聖人所以為萬世存綱常也與一

評

沉鬱頓挫吾疑之少陵夔州後詩。說到去食則以死守信可知下二句特申明不當畏死之故耳對比不為說盡上下五千年縱横一萬里讀史書時無窮感憤與筆墨俱飛　原評

作逆勢為章末二句起本筆力亦奪胎嘉魚而胸羅全史熊筆青天飛雨、正如昆陽之戰大敵在前彌見神勇

必不得已而去於斯二者何先　郭蘭

賢者直窮處變之道而益決所去焉夫食信二者均之不可先去而何以處此必不得已哉子貢蓋以直窮之且甚哉事變之來雖以斷其守也或以為如是止矣而變之所乘又有不止于是者故變之中抑正有變而權之中即不得不更執其權如兵食信三者至不得已而去兵則惟食信二者矣夫食為養生之資有食而閭閻饒居猶可以振國勢信為正俗之要有信而教化游行猶可以壯國氣是則時至事艱所恃以扶持而不失者專在斯二者也倘于此而欲去一焉尚忍言哉雖然當安常無事之日則脩豫甚寬

是第二個不得已

扣緊題解

先提明二者

反振取勢

議論安雅

脫卸輕細

二者僅全應屬廟堂之欽而值危急變故之秋則天人交窘二者並存萬為國家所難說也其更至必不得已乎權宜于食而信不交諒矣固守夫信而食又惟艱矣相倚亂急而相劑盖其一不可

溥榮

廢而究兩不可持譎是其先去食乎食以養生衆之所天在是不

兩○兩寬○迭○風○尋○消○補○在○目

得已而姑為則于衆之所天而去之也蓋若衣食既足人自可以扶其家室義非然其先去信乎信以正俗上之所漸在是不得已

而去焉則于上之所漸而去之也蓋若忠信既修不慮無以衛其父兄哉藝則去食不可去信不可其懲不但于勉武而食可先去信何先去其道愈見于扶危不然事已及此而猶勉為而全之慾

矣奚急不能擇焉賜不知其國勢益何所底也

縱是直窮到底其論鑿鑿華亦警峭相稱原評

食信二者明明皆去不得而却以何先為問則不得已自是為難處置之時然勢變寔有到此境地文妙不用一華寔不鬆直過得下文此兩總不經意無一字通融上段着着爲法緊峭極似前輩大家風力

必不得　郭

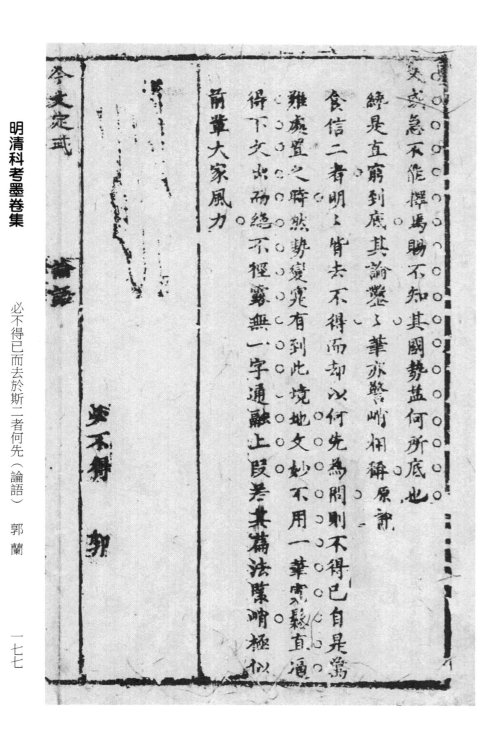

必不得已而去於斯三者

韓宗師歲試取進府學第廿名 劉光前 希廸

籌其政于不得已三比勢有難全焉夫兵食信三比皆政之要務也乃設一不得已而去則欲全之不已難乎且儒比諜人家國而不能擅厥全功則其術疎擅其全而必謂不可稍缺則其術亦疎夫時盛道隆固可論圖全之策而勢窮事迫又難執求備之必晉亦惜夫千古迂疎之士動謂政有全功而不於勢難措手時一計及之也如政在足食足兵民信斯三比固政之貴兼備也賜嘗考盛隆之世財不聚而豊兵不覌而壯教不肅而成知鴻規爍然大備凡峯校井田無不立卯甲車乘無不供比原無畸輕畸重之勢

撝欲休戚修此三比故全也尚何可去之有哉若乃舍其常而言其變欲全奉必至全廢則不得于兵食信而求其皆備明乎從必達乎权惟少缺乃克善全自不妨于兵食信而议所從寬盖有必不得已而去時焉豈不知積粟強軍富強原為急務善吾親上忠信允為要圖要值計萬难全之秋食妨兵兵食妨信以必不可去比而不能不去賜于是愈难釋念于斯三比矣食為民之天兵為民之衛信為民之庇三比原爲時而無一可輕然亦不宜去比守固之徑而有必去比審國之勢何來備畧風昭非一不預定其規模而時出于不得已則徑畫區處自不得求全責備為也烏得不于斯

三比鄭重恩之食遂民生而兵以衛食兵鼓民力而食以強兵信見民情而兵食正以全信三比又交需而無一可緩然無可去此政之昭其美備而必議去此政之覌其會通自來才猷素裕非不欲統其紀綱而勢迫于不得已則布化宣猷自难以不全不備律此安得不于斯三比低徊念之蓋三比难兼全尤当曲全于萬难全此何恤其一去于不得已乎敢问何先

文成法立積健為雄原评

十

六

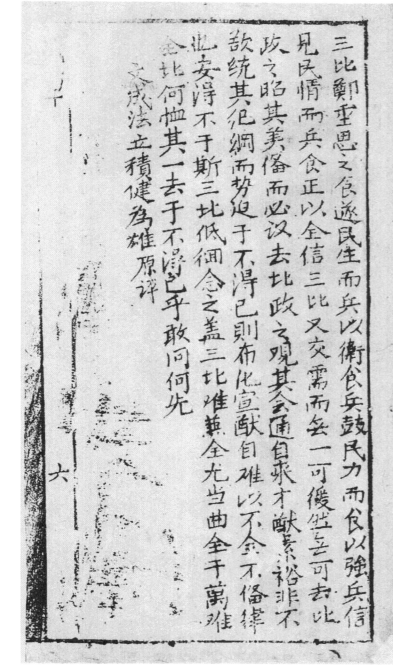

必有圭田

小不其集　唐紹文

有圭田以厚臣不忘其先也夫圭田不在世祿常制中也行仁政者必有之謂非不忘其先乎且自五玉三土之制隆而輯瑞與苴茅並重是田之錫固視乎圭之錫也乃名附於圭之錫者實止有田之封用報先臣之忠即教後嗣之孝爰錫爾疇式德於玉大典靡有遺已不然世祿已行自卿以下固皆得其田也而更何所有哉有田以宏閥閱之聲鼎食鐘鳴不同圭竇矣然榮其子孫而忘其祖考將鬼猶求食不其餒而毋亦有悲餅罄者乎有田以永箕裘之緒垂聲馳譽特達圭璋矣然新恩方渥而舊澤無存將神保聿歸不來食矣毋亦有缺升香者乎則欲

於世祿之外謀所有也必也更有田乎夫田何自昉哉禮有之圭田無征此奉祭之田也滕其行之否耶圭之義取其潔以先大夫潔清自守應享此既潔之粢盛故頒祿則分辨尊卑而敬祖則情無差等豈此有而彼不有乎田惟璧假而圭以登陳庶幾詠楚茨之什可也圭之質尚乎堅以先大夫堅白可風應奉此實堅之嘉種故五等之班雖異而三廟之敬無殊豈上有而下不有乎圭不翦桐而田非獲石尚其賦禹甸之章可也擔爵析圭之寵已有同情而如無圭田以妥其先人嗟彼曾孫其奚以慰夫不遺一老余不穀已恨相遇之疏矣而顧聽其玉醴之未嘗焉如崇德何行仁者必不然也秉圭植璧之祁自難並列而如無圭田以享於祖考百爾君子其何以堪夫既具嘉肴

古孝子猶恨承歡之不再矣。而顧聽其瓊漿之未獻焉。如毅孝何。行仁者又必不爾也。是非小惠分人。而以圭田私所厚也。毋亦惟念爾臣工克肖久矣。惟燕翼之無虧。庶象賢之克繼。圭無玷白。而瓚欲流黃。不僅留采邑之膏腴也。今而後籩豆維新。告爾文人者。皆君賜也。亦非以功詔祿。而以圭田嘉乃勳也。毋亦惟念爾先祖勉勤久矣。維新畬之既闢。庶舊德之無湮。圭璧東躬。而瓊瑤拜賜。非僅叨祿秩之優崇也。今而後苾芬孝祀。獻之皇祖者。皆君恩也。必有圭田。而定其數於五十畝。卿以下皆受其澤矣。

文情緜邈映合清腴

必有我師焉　　顧三典

以我求師其可必者也夫第云師而已或有不可必者知其為我師也而豈獨外于三人且師之重于天下久矣可師者人也師之者我也自古迄今可師之人何患其少而人每患無師者何哉吾今知人之所以患無師者而後知無師誠可以不患夫亦曰有我在焉耳即知三人行從旁觀而論宜謂此中無師矣若我而恍然曰是真我師也未可以言無也為或然之說亦謂此中偶有師耳若我而惕然曰是即我師也未可以言偶也今試思我亦同在三人中以假而彼亦欲以我為師焉我能禁之乎則使我自顧有稍〻堪為人師者而人

刪我字　刪必字

人亦知其不善不善矣得此乎

認之漠然我亦無由強率之也獨計我既有堪為人師者矣恃以人
視之漠然而遂不得以我為師也則師固儼然在也易地以觀而我
之師必有儼然在者矣焉又恐我之同在三人中也儼而彼不欲以
我為師焉淺能招之乎則使我自開有萬々不堪為人師者而人視
為有益我亦無由強解之也獨是我既有不堪為人師者矣乃以人
視為有益而遂不嘗以我為師也則師固凜然存也反是以觀而我
之師必有凜然存者矣是故謂師不能必之于人其寔人則何不可
必也當其遂至吾前已禪然各挾一為師之質即我不恭之為師而
其可為師者必無以相易孰謂人不可必乎必之于人而猶不能必

之于我乎抑或謂師自當必之于我要之我本無不可必也當其與
我相值豈必各自有為師之範然我苟奉之為師而其為我師皆終
至于同歸夫非我自可（倒轉恰趁下）必乎必之于我而猶不能必之于人乎為從
為改是在我之擇而已
以我之善不善倒影人之善不善必有二字既醒我字亦都有波
致他人只用順描安得窺此秘與何此聽
同此格下法耳中兩比刻劃必字如入幽徑令人迷而不即出其
借我字倒照落想時已思入無限

必自經界始

文存集　姚文柟

井地之界貴乎經仁政有所自始矣夫地必有界經其界而後政可次第行也行仁政於井地可不知所自始乎且為國者知民事之不可緩則恒產急焉然而民苟無恒產則民易亂民各有恒產則產仍易亂故體國經野先王疆理天下而有餘諸侯疆理一國而無不足蓋嘗衡量於井田之道而得其要務矣仁政之將行於何見之今夫四井為邑四邑為邱既提封之足據十夫有溝百夫有洫亦成跡之可憑而吾所謂仁政則更有進井之為地也多乎行而相縣亙此地之終即彼地之始地不能自為畛域也有界之者也所以區田之制伊尹躔事於軒轅而

千古不改丈量之法地之為井也憑水旱以判凶豐一井之利
或萬井之害地不能自為節宣也有界之者也所以任土之方
周禮倍詳於禹貢而當日必設鄉遂之官且夫疆埸之大局一
彼而一此實土地者必爭險阻之利而守之至井地則係閭閻
之業有多寡即有分合例以分土之規有履畝而無圖圍者矣
故不曰疆而曰界且夫河洛之大數一縱而一橫測兩戒者必
兼廣輪之勢而權之至井地則限戎馬之足利南東不利西北
準以勾股之術有闢方而無劃圓者矣故不曰緯而曰經然則
仁政所自始可知矣古者地曠而人稀名山大川而外其為隙
地也尚多迨其後戶口日增城郭去一宮室去一市井道途又
去一地愈錯斯界愈紛也有以經之而徂隰徂畛不改廣尋深

伋之遺則顯然區其界矣而審端徑術善相邱陵且以補溝洫
河渠之志古者務本不逐末桑麻黍稷之餘其為利數也尚少
迨其後貨殖成風蒲葦有守薪蒸有守衡鹿舟鮫皆有守利愈
厚則界愈重也有以經之而爾宅爾田依然瓜場廬田之舊則
釐然判為界矣而修理隄防開通道路亦足徵盛風王制之撰
況乎滕介齊楚之間戎車之蹂躪田功正可慮也而褊狹小之
邦則步尺轉易於遍及滕為文武之餘虞芮之質成雅化其未
泯也而覲周原之舊則阡陌何敢於紛更此仁政之始也
英偉之思勁挺之氣駸駸乎入石臺黃岡之室

必使反之而後和之　宋　至

和之不欲遽者。聖人之詳於善也。夫亦非不欲遽和也。而和之必于反之之後。吁。聖人之于善也。蓋詳。且聖人與善之心最迫。而取善之心最歛。歛則取之也無所遺。迫則與之也不能待。此即照有所與以快其樂善之懷。豈復憾于所取之有未盡哉。何則。聖人所一覽而無餘者。皆他人反覆求之而不盡者也。然則子與人歌而善。宜欣欣然急起而和之矣。而夫子曰來也。遽而和之。是以躁心嘗之也。吾慮其見善之不真。遽而和之。是以浮氣尚之也。吾慮其耆善之不切。彼善甫宣也。而遽和之。是畧也。勢且鬱物之情而不

物彼善之競也而遽和之是競也勢將掩物之美以自揚故夫子
欲和之心非不甚急矣然且徘徊顧望而重有請者何也反之也
（再洪出妙）（必然二字出）
即人求和之心有不暇反耳然且謙讓未遑而非能辭者何也必
使反之也不反而安必善之非偶合乎人有節之所中吾方鼓舞
（四股俱就必使而後扶其所以然之故）
以和之而其人撫心自問已覺渺然而難追則鼓舞雖亟而不足
以留其善也使之流連輾轉而善以尋繹而能留即偶合者無不
（天衍事）
固矣慎無輕用吾之鼓舞為矣不反而安必善之能更集于人有
使之所便吾方欣賞以和之而其人餘音乍歇已覺索然而[illegible]盡
[illegible]而不足以長其善也使之往復循環而善以引伸而

愈長其所進者靡有涯矣慎勿漫用吾之欣賞爲矣且和之非特
欣賞而已必將有以開其神智夫神智之用不彈則不生有之者
所以彈乎其用也故韻易調之餘發其奇者以爲無復人矣忽于
言思擬議之俱絕聞予之和而意象一新和之匪直鼓舞而已必
將有以窮其變化夫變化之機愈熟則愈出反之者所以熟乎其
機也一彈再鼓之際聆其音者不且有餘思乎政于淫液詠嘆之
五股六有意味
無旁得于之和而形神俱[illegible][illegible]夫人之反也欣于予之即和也而
與彌長感于予之不[illegible][illegible]也而意彌謹若曰予感哉幸教我乎聊
觴亦詩自和之云[illegible]追長者之和也尊反者之不我靳也而請益

本朝考卷晝中集　論語

○俱瀹渫反省之為我盡也○而趣與俱永若曰○我何以獲此于哉○特為于一再反之云爾○蓋必如是以和之而後躁心平焉而後浮氣歛焉而後暴者悉焉而後競者抵焉○反之係于善也大矣哉○

着眼全在必使而後四字○起處層層逆跌以取其勢○直如急雨飄風驟至○中間四股更能抉其所以然之故○用筆有擒縱[illegible]同安處○

風使反　宗

必觀其瀾

江南謝宗師歲李一飛

以盱眙名

（說明）

瀾非水之本也，而觀之者可以得本焉。夫水之有瀾，其去本已遠（承明）

（分劃醒達合又妙）

矣，而本之勢必及乎瀾，觀之不可以溯水之本哉？今夫道大如海，

（來路）（用題證撥如引題）

觀水者至海而極矣，然而海要也，要必有源，海匯而止也，匯而止（緊唱）

必豪而發，此其瀾有本焉，而未可以易測也。然則觀之術安在哉？

（本豪不可見瀾要觀瀾終異）

如必探山下之泉而測之焉，之者未知其何自起也，又況混茫之

（百出沈而對比亦佳）

氣發星宿之源者乎，而何能觀之？如必尋星闕之洩而往之，浩之

者窮來知其何自來也，又況以朝宗之勢聚百川之歸者乎？力息

（正寫瀾字善畫觀瀾正）

乎觀之，惟是氣盛者不可以遏止，激而為洄洑之情，根深者不可

次下節釋觀瀾不

以長留鬱而爲端急之狀一著此者非瀾也耶今夫瀾亦至不同矣

要緊一語方現出聖人之奇人不解過

將觀於溟渤沼沚之瀾則紆迴而蜿蜒者其小焉耳再觀于江漢

淮泗之間瀾其漸大矣乎而奔騰而洶湧者殆已莫可量也更觀

先從淺處着眼至此

乎河源瀰漫之區龍門碣石之險其瀾幾可以滔天亦可以浴日

大至矣無以復加矣而後知水之瀾不可測水之本愈不可測也

總上劃三段轉到節務發節

然吾觀其瀾即以不測者測之可也即測之以不可測亦可也何

端緒點發

也本不在是而寄于是本寄于是而即在是也一不然聖人之大動

收轉悅盤

容同旋渦淪文章之迹其瀾耳如必不肯觀而欲探性天之微窮

萬殊一貫之故吾懸本不可得而大終不可幾也豈觀水之術也

哉

到底本不能觀只瀾可觀因瀾想見本耳瀾是親切見本處從來人都混過茲惟認得真故縱橫出沒而奇致瀾翻矣 陳養濟

必觀其

李

選科考卷質疑集　孟子

必觀其瀾

山東宗師歲試　觀城縣一名　張揖

即瀾而知水之有本，觀聖者不可以泛求矣。夫水惟有本故大也，即其瀾而知之，觀聖者豈可泛求哉。今夫聖人一出而天下瞻仰而景仰之，亦猶之汪洋澎湃而爲當代之巨觀也。使徒泛觀于其（切瀾字）大，且不至嘆而思逐者鮮矣。豈不於其流而溯其源，則即其發越（緊跟知有其本）（側找張大瞭）之盛而知其蘊蓄之深，吾亦爲天下共信曰是可以觀水矣，而不（找觀瀾正然）（一句開下）觀可以觀水也。觀水之術何如哉？吾見夫世之觀水者矣，登太行望王屋，由大伾大陸迤邐而來，詢九河故道，過汝漢，浮淮泗，達三江，通沱潛雲夢，以及桐柏嶓冢之際，終觀百川赴谷，群流朝宗，轉

冀因吾今而知水之大也至水之所以為大者未之觧也世之觀
聖人得無類是無怪乎月觀水而不知水之大日觀聖人而不知
聖人之大也然則水何以大因本數也有瀾焉而觀之者頓河
不以是乎水之勢流而不息而其不息者誰為為之則必有以裕
乎其流者也故瀾亦其流而非所以裕其流者然必有以裕其流
者而難見焉則瀾固截本而出焉者也使今是以觀水是矣下有
外不出乎内而英華之發著者不必本之和順之積也世亦嘗久
之所急宜從觀者已示之形分而不窮而其不窮者誰為之則
必有以統乎其分者也故瀾亦其分而非所以統乎其分者然必

有以統乎其分者而瀾乃出焉則本又因瀾而著者也使外是以觀水是天下有不蓄而自形者而日新月盛之大舉皆不見本之富有之藏也斯亦吾人之所急覽源觀者已誠知所深觀則觀水者不徒于水而必于瀾又謂一水自然哉古今惟此一本萬殊之理執之者亦爲其施無方而悟之者則以爲其本不遺也所以倫

聖聖人有本觀瀾

中和于一心而庚之即成位育之弘功誠知所適觀則觀水者必于瀾而不僅求之于水又寧一水之瀾爲然哉古今總此發避見逺之常馳騖者以爲無遠弗届切求者以爲下逮見端也所以融參贊于兩間而約之皆由于性命之克盡自非然者徒登聖人之

堂佩其言語文章獨其車服礼器因流連而不能去謂是聖人之大也而不知其有本焉是亦觀水而不知其瀾者僃其如聖人何

瀾非本所以瀾處是本叙引觸知其源之爲有本句最了然篇中看得瀾字真切文機浩蕩無際酷似流水滔滔恩錫張昇識

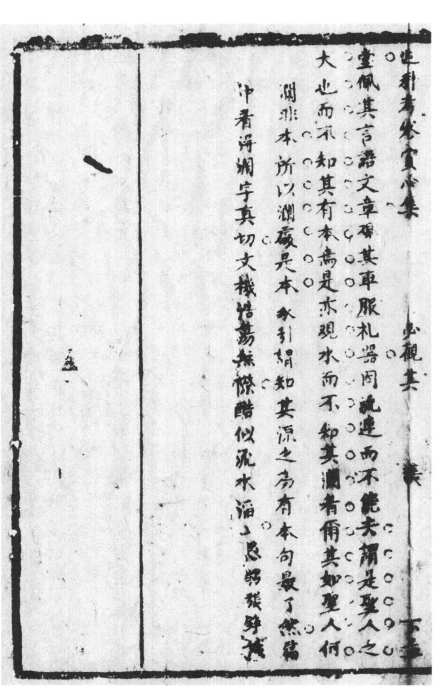

第十一冊　卷三十二

司馬牛問仁　一章　　　　王步青

以言想仁者之心而仁道據之有要矣蓋仁者由心而見之言而求仁者因言以存其心如第於言求訒豈所語於仁哉且仁道無方莫不有所以適于仁之路而特患自遠乎仁者告之而不得于心語焉而輒乖其指則亦徒見其心之不存而生平所負疚者往往隨機而竊發也何則人之有心也言語以為端心之有要也靜專以為養是故吉人之辭寡躁人之辭多其所由來不可不察也一日者司馬牛問仁子知其多言人也告之曰仁者其言也訒蓋不易語者心之誠第觀于語默之關如畏如疑而囙可得其關邪

（渾脫）

（摠攝全題絕無侵占是最隱閒洽脗）

之大致不易窺者心之敬第即其話言之頃欲茹欲吐而已何識其主一之深衷然則其言也訒難德之一端哉而由是言也推是心也傷易則誕傷煩則支雖有存焉者寡矣非法不道非禮不言雖有不存焉者亦寡矣若之何牛且有易心也今夫天下之理言與事本自同原吾人之心存與發初無二致故苟見為易則按艱遺大直付之一矢口之間即欲稍自遲疑而不得何者躁妄之習發于其所不禁也而苟以為難雖日用尋常儳乎無可容聲之地即欲姑為必出不能何者誠敬之衷圖于其所不見也無貳爾心汝我躬無細行無敗乃事斯吾口無易言為之難言之得無訒

遇○宗

注中○二○層○見出

乎、夫是之為（纔是）也不然者以言視言謂無與于吾心之發將以訒視訒聽欲試之吾舌之捫豈可以言仁哉牛苟由其所以訒者而返諸心訒非易也仁非遠也據之有要道在是矣（筆上竪起）

慘淡經營良工心苦而法度自極渾成風神致為靜穆所謂怡然渙然自是到頭人語也　張儀封先生

于兩問兩答中極見分抝可謂深心抒妙理淳意發高文　陸臨潭

提手大意了然講下截融會註中三層緊密無比筆意愈排奡愈深醇祇覺前人之拘束耳　李賓君

民之於仁也甚於水火

崇文　黃　楷鐵如

聖人切言夫仁借水火以明喻也夫水火不過以養身而仁即人之所以為心有其身而無其心可乎哉子故切言之且人亦知已之心為何如乎如曰非身則無以為心是知小體而忘大體也（清轉見切）抑知自古有不弊之心而斷無不弊之身其仁存即其心存其心存矣斯其身存彼養其身而忘其心者由辨之不早辨爾吾思夫仁矣（暫句謂之換）世固無所甚於仁者也夫民亦僅知有水火耳亦僅知水火之切於身耳其視仁不水火若也其視水火為重於仁也且謂一日無水火則饑寒至矣一日無水火則盜賊亟矣據是說也將不仁其

西泠三院會課二刻

心以求端於水火足矣而豈知人之所以為心即人之所以為仁者哉人世嗜好之緣最易牿亡其懿德而一經較量覺尊生更切於衛生我生取舍之故所當勃發其天良而鄭重分明知養心尤先於養體事為至性所固有一念不可以暫離仁則本之性生者也衡諸水火孰重而孰輕且夫民亦第急飲食於其間耳舉水火與仁而較長絜短彼必謂其不淪正惟其不倫也天下有養之終身而竟同芻豢得之一日而即堪不朽者水火與民二而一之民之於仁一而二之可乎惟協吾性焉其輕重果何如也事為吾情所不洽此生不妨以恝置水火其至無情者也擬之於仁孰緩

諸

而孰急且夫民之於仁亦慣慣於日用而不知耳要仁與水火而（如悲○從古○髮○入○木○三）斟酌從違彼必疑其不屬正唯其不屬也使得仁而失水火有生（熟讀二字）（仍）不若無生失水火而得仁舍已即以成已水火於民互疏疏焉而（真○切）親之民之於仁甚親親焉而疏之可乎惟恰吾仁焉其緩急更何（二○氣○奇○恰○開○天○孔○妙○在○簡○淨）如也天生聖人於水火未生之前是水火必待至仁而彰其用如謂水火亟而仁緩將嗜欲於性命爭權民之於仁也可以憬然悟矣天生水火於聖人未平之日是仁人能使水火而殺其威如謂水火重而仁輕將險阻與智神爭烈民之於仁也可以瞿然興矣假令失其仁即失其心失其心即失其身身與心交失水火其能

西泠書院會課二刻　講

西冷三院會課二刻

嗷哉吾故孰而計之切而指之爲養小體而失大體者告曰民之於仁也甚於水火

清真堅渾卓然成家此原評也作者神明於江方諸大家稿於此略見一班陸山長評

運筆靈動有水到渠成之妙周翥堂

民之

黄

民日遷善　合下節

民不知王道之大以其不限于小也夫民日遷善非小補所能為也而居于則已化矣神矣民不知天地之大又烏知王道之大哉

提天地入手　不知

且天下莫大于天地之化而人不知其所以然者正以化育之功

神化　小補

非形迹之可求而亦非尋常之所擬也若夫以範圍天地之模而

一結法結

盡曲成萬物之用則民之漸摩于王道者一如其成性于函開而

小補　結得不如

固非小功小善之闕所補縫之以愚賤之識之有如未若之彀之

哉上　乎無之

利之亦以導民于善耳使導民于善而民亦善劇從當靈鼓之而

承利之　所為　所

不知其威雨露潤之而不知其灌溉即仰體于鴻鈞所務乎補

翼而亦與霸者補偏救弊之術同其功用已也民可無憾乎天地
之大而能無憾乎天者之數純然而底而為矣相觀而化若無待
乎語誠之煩而且目還善矣舍體斷亦豈非乎勸戒之道若是
者謂是君子以身先之乎乃然乎非學稽之也學識善君子以心
神○○奇
帝○是○不○知○
勞之乎乃君子亦藥存之區乎夫矣哉兵發乎且而不知其高地
載乎下而不知其學君子日會民乎安還而不知其化神大哉君
乎乎其始裁成天地之道輔相天地之宜而成位乎中者乎而如
是小補
帝負不知
曰民亦知禮未生其共則必齊之以禮而民始知有共之善民未
知義未生其信則必裁之以義而民始知有信之善誠如是也則

豐之以威而民必將曰此吾君之飾怒也威之以休而民必將曰此吾君之飾喜也君身所過而民必將曰此吾君之蠲租給復也君心所存而民必將曰此吾君之殷蟜嬉休也民即不知天地之化夫豈不知小補之功而君子豈如是哉一曰作則爲予者參天地贊化育而成位乎中者也惟其成位乎中故能與天地同流惟其與天地同流故民亦不與小補之治同其歡虞無聞爾

以題句為波瀾都不肯一筆放過使庸腐諸公見之未必不羨觀止也○尤妙在不粘不脫不離一句氣局精嚴疏

明清科考墨卷集

○○○民日遷善　一句

江西魚崇師歲入瑞州六名　方徽

忘乎遷善之由者、真王民也、夫民之遷善必有所以為之者、而竟不知焉、其斯以為王民乎、且從來王者之民奚以成協和之化乎○（有○詩逆取為字入）乃協和之化既成○而被澤于下者若自全其天○自若其性○而王者無與焉○是何其並忘所以化之、故耶○有如不然不膺、民何愚乎○惟愚而益可想見○抑何朴乎○惟朴而愈難忘情○試思當日者○家喻○○講○民○日○遷○善○只○用○涵○泳○法○耶戶曉耶咸為型仁講讓之民道一耶風同耶悉為孝子悌弟之民善哉民也何以知不善之宜急改而善之宜日遷耶夫在上之（即跌起）教不先（為之○）則小民之率不謹○一人立極而倡于上○斯萬民歸極而從

于下諒必有所以為之者勞来焉而民始善匡直焉而民始遷于

力振為之

善且輔翼焉而民始日遷于善而天下耳聞夫王民之行當莫不知其有為之者目覩夫王民之事當莫不知其有為之者孰意當

虛衍不知為之二比

日之民沐大君之澤而為善足樂非惟頌揚之無聞亦且鼓舞之無自一蒙振作之恩而自新已極非有意于欽聰明寔無心而安渾

寔衍不知為之二比

穆一維時父與父言慈子與子言孝出作焉而已入息焉而已忘帝力于何有焉而已兄與兄言友弟與弟言恭耕田焉而已鑿井焉而已順帝則于不識焉而已噫王者之民果愚乎果朴乎至所以

此便是過化存神意

日遷于善者問之民而民不知也寧獨民不知即問為之者而亦

思豈知之乎吾嘗于俯仰上下間而遇王者矣

重拈不知為之的係王者之民氣象神韻亦微妙絕倫 管韋偕

民日遷善而不知為之者

康熙戊子山西　田嘉穀
二名

王民自進於善其風益可思矣夫民之遷善豈無為之者乎而王民不知也是所謂皡皡也今夫王治之隆惟是風教修明使天下相率而歸於君子長者之道斯稱盛也異代而尚論其世孰不嘆其移風易俗令人回心而嚮道者之有所由致乎然而居其世者則又不然獨不覩王者之民乎王者之明刑所以為弼教之助固將儆天下以遷善也王者之厚生所以為正德之本抑將資天下以遷善也夫民至於遷善豈復不知有為之者乎感戴之誼愚者易忘智者則識之遷善而愚者亦智矣吾儕小人幸生王者之時

反覩不知有波致

印從上二句抑出意善

反複開下二比

黃云二比細知字文氣醇古

而室家以和焉里黨以睦焉即微賤難言其情而寤寐中有隱
知結者當與遷善之情而俱深也惟忻鼓舞之意殆有不能自已（誣當知）
者乎報施之誠頑民難動良民則念之遷善而頑者皆良矣小民（知）
何知乃當王者之世而詩書以講焉禮樂以肄焉即厚意無以為
（字說得入情則不知愈於得有身分）
報而閭里中有詩詩稱道者當與遷善之意而俱永也振作激勸
（黃云正發不）
之餘有弗感嘆不忘者乎然而吾觀其時民日遷善矣父與父言
（知四比由淺入深其味油油）
慈子與子言孝群相勉於典禮而殊不知有悖庸之文農安於力（次第）
田士習於道藝各自盡其職業而若不知有董戒之事其由不善（好）
以遷於善也自恥其不善耳豈知其有禁之者乎自樂其善耳豈

知其有勸之者乎孳孳乎無日以息者止若耕田鑿井而安其畝常豈必歸功於君上其已善而益遷於善也不欲以善自足耳豈知其有誘之者乎自欲其善之益進耳豈知其有賞之者乎皇皇然一日不息者不嘗飲食衣服自謀其所欲何必頌美於朝廷知遷善而已曾知有為之者乎遷善而不知其孰為之此非所謂皞皞乎夫王道觀成於風俗既以遷善而見至治之醇王民並忘乎勸休又以不知而見古道之盛此無他以王天下之君子在上也

氣味醇厚情詞斐亹通篇只是一反一正章法尤為盡善　至山

第十一冊　卷三十二

民日遷善　一句

山西　田嘉穀　三名

王民自進于善，其風亦可思矣。夫民之遷善，豈無為之者乎，而王民不知也，是所為皞皞也。令夫至治之隆，惟是風教修明，使天下相率而歸于善，斯稱盛也。異代而尚論其世，孰不歎其移風易俗，令人回心而嚮道者之有所由致乎。然而居其世者則又不然，獨不覩于王者之民乎。王者之刑，所以為弼教之助，固將儆天下以遷善也；王者之厚生，所以為正德之本，抑將資天下以遷善也。夫民至于遷善，豈復不知有為之者乎。感藏之謳，愚者易忘，智者識之；遷善而愚者亦智矣。吾儕小人，幸生王者之時，而室家以和焉，里黨以睦焉，即微雜言其情而衡深中有隱、如結者當與遷善之情而俱深也。惟忻鼓舞之意殆有不能自已者乎。報施之誠頑民雖動良民念之遷善而頑者皆良矣。小民何知，乃當王者之世而詩書以諷禮樂以肄為即存意無以為報而闇黑中有譸稱道者當與遷善之意而俱永也。振作激勸之餘有不感歎不忘者乎。然而吾觀其時民日遷善矣。父與父言慈子與子言孝群相勉于典禮而殊不知有懍懼之人農安于力田士習于道藝各自盡其職業而若不知有董戒之事其由不善以遷于善也自恥其不善耳豈知有禁之者乎自樂其善耳豈知有勸之者乎夢夢然日以息者正若耕田鑿井自安其常業而

豈必歸功于君上其已善而益遷于善也不欲以善自足耳豈知有

誘之者乎自欲其善之益進耳豈知有披之者乎皇皇然一日不息

者不營飲食衣服自謀其所欲而豈必須羡于朝廷知遷善而已曾（亦寓得出色）

知有為之者乎遷善不知其孰為之此非所為皞皞乎夫王道觀成

于風俗正以遷善而見至治之醇王民並忘乎德教又以不知而見

古道之盛此無他以王天下之君子在上也

醇厚溫雅韓子所謂和平之音曰民所以遷善不知只在註中使

自得之四字此繼亹亹道出費巽來先王

王民皞皞只是順則何有知識若霸者之驩虞則小善小忠沾沾

御墨晴　孟子　戊子科

鄉墨時　孟子　戊子科

有喜矣前用逆筆後用正筆逆筆擊動得盡致則正筆挑起得出

色一望遥深淡永渾欲不勝情也　蔣梅士

民日遷　田

民日遷善 二句　　十四名 吳濬

王民以善自為机與之志已夫民之遷善非無為之者而乃日遷而不知焉非王民之皞皞者歟今夫上之所以治民與民之待治于上者善焉而已然民不自善則必上為之導而後鼓舞而不自已此善成於下而功歸於上者往往而是也若王民則不然蓋王者慮斯民自入世以來風氣之習染日深則性真之本然日遠故六行有訓董正有官其所以維民善防民惡者初無稍懈也而豈無所以為之者哉而民烏不知所以為之者哉乃起視斯時之民罔不率從俾由時乂也向虞其性真之或漓者而今一變也以君

予自勉小人自愧也向慮其習染之日深者而今一變也然、然
由不善而歸於善不憚奮厲振作之功非有以戒之也而迁焉者
學立有得一變
無或怠油油然由善而益進於善不辭薰陶漸漬之修非有以勉
之也而迁焉者無或倦且也朝而誦貫夕而習說如遇其性天之
樂也而迁焉者既已與日而俱長春而礼樂夏而詩書祇順乎帝
則之常也而迁焉者又已惟日之不足由是善日迁惡日化問以
董正之所由已相與忘之也祇與日用飲食同安飽焉已矣抑善
益汗机益熟閑以訓行之所自已相與置之也惟與出作入息同
耕鑿焉已矣若是豈民之忘善耶蓋以我未無惡我之迁善哉去

而民亟不歸功于父兄不歸功于師友也化國之日月舒以長王路之清夷恬以適祇自率其固然而沐浴謳歌相忘帝力於何有吾以想其民欽聰明於不事如頌無聞因以思王者垂端拱於穆清太平有象則寧獨問之民而民不知即問之王者而亦豈必知之乎吾是以穆然神往于其際也

渺衆慮而為言文有頌獻

民日遷善而　一句

山東朱學使歲考　濟南府學一名　吳士璉

忘其所由善者、王民之于善也、夫民之遷善、有為之者矣、而民不知焉、其斯以為皞皞乎、今將使驅民而之善、而民遂瞿然曰、上之以善迫我也、乃以為我也哉、及其稍有一善也、則又沾沾自喜曰、此吾君之力也、夫然而上以善為市、下以善為名、其善幾何也、吾乃因不怨不庸而愈思王者之民矣、夫王民何以能善乎、夫孰非王者為之乎、凡人獲一言之善、而莫能忘其所自來也、不以為朋友之所箴規、則以為先生長者之所告語也、而况乎其漸焉靡焉、以至于斯也、凡人獲一事之善、而弗能沒其所自始也、不以為親炙之所薰陶、則以

（釋義孤零妙）（新穎）

本朝直省考卷篋中集　孟子

爲聞風慕義之所興起也而況乎其鼓之舞之以至于斯也且事之
相習如故者每以厭見而易忘若王民之于善怨而歌舞生焉怨而
嗜好亦爲其情已屢易矣曰遷矣吾意其感慕激發謂吾向之所習
殊未見及此也而何以能爾也抑事之一進而遷已者每以暫周而
易忽若王民之遷善無何而如遇其新焉無何而如逢其故焉其境
且轉深矣曰日遷矣吾意其流連感嘆謂吾今之所效猶不以是止
也而豈能自爲也然而民竟淡焉忘也時雖之盛讀書者猶相與嘆
慕而樂道之而身當其際若止視爲出入作息之常然而民竟默焉
異意更新
化也風動之休主治者亦相與咨嗟而歸美焉而起視其民終不聞

有頌揚君父之語。益其時。沐浴於教誨之澤者。幾何之民被之。荒之民亦被之。筦絃鐘鼓之聲。聲相浹于性情之陶詠。而非其驟聞而欣之也。則善之廣以溥也。而予之者不見德。矣其時漸漬乎優柔之化者。民之祖父被之。民之子孫亦被之。黨庠術序之內。并相忘于日用之服習。而非其驟見而喜之也。則善之悠且長也。而受之者不知感矣。有是哉。其日爲之而不知也乎。此王民之遷善也。此王民之皡皡也。

能道出三代教化之意。遂覺俯仰情深。原批

自發新聲。不襲餘雋。前後章法更可观。風動等語。膾若人口。此用

明直省考卷蓬中集

歸矣盍觀不知乃別有鑪鞲無陳非新

民日遷　吳

壬子

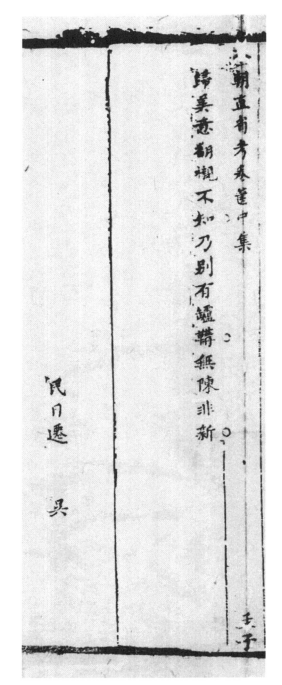

民日遷善　同流　　吳華孫

王民遷善而不知化神一天地矣夫遷善而不知誰為正君子之過
化存神者也同流天地不可想見其與之偕且夫王者在上而天下
胥囿於不知中矣蠢其所以數化者有為而無為故其所以徵治者（繁如）
上瞻而下際此君與民所為相忘而德業變絕也不然不肅雝之之
民知是而君子之治猶未盡也體兩大降衷之德而續斯民之彝則（伏下無限）
於變時雍而無刑要於不殺賚造化成物之能而盡斯民之性則變
通鼓舞而美利深於不言遐思其時說禮樂而敦詩書者大都善之
也野有驚士之名里著仁人之號此固君子之身為引翼者歟而民（伏而過）

不知也不以為君相之豢飽而以為吾民之性情其感通胥忘之矣（語應百餘）（語下）
遂罔其時崇禮讓而重名節者大都後民也自備日而有加善累焉（伏所存）
而愈進此內君子之心為誘掖者歟而民不知也不以為孝藹之薰
陶而以為飲食之樂易其觀感胥泯之矣禁令既所不事勸導並所
不知民生熟有不勞帝則更有不識遷善而不知為之者在斯民安（落○棱）
於浩蕩之天在聖人忘其甄陶之用嗚呼苟非君子孰能化神若是（精○鍊）
予想其成俗之方未嘗過為措置隨平康之治奏而遽聽鼓動於風（典○切）
聲身之所歷而物潛移過者化也所謂聖人在上大觀而化也想其
願治之念不必見於經營隨移易此道成而痌瘝聯絡乎寤寐忘之

所動而氣丕應存者神也所謂四方風動從欲以治也而吾因仰而觀俯而察惟天地以二氣之循環陰不愆而陽不伏惟君子以一身之動靜近者應而遠者從蕃與夫天地之雷霆風雨同一化之流而已矣惟天地以一元之默運時已行而物已生惟君子以一心之內涵民咸安而物咸阜蕃與夫天地之易知簡能同一神之流而已矣覆載無私澤聖人無私德處其上者渾然天施地生之不爭而泯其為之之功天地不可名其功不可名生其時者熙然光天化日之中而忘其可知之迹此民所以遷善不知也而何然何庸之有哉故行歸之也

吳冠山時文

縝密以栗復溫潤而澤文之比德於玉者

按部就班神韻悟雅不事雕飾有自然渾成之妙

民日遷

民日遷善　者化

葛李院歳取與化府院學聖　元朱
李一等第一名廪

終著王民之遷善、而過化之盛可想矣、夫遷善不知、與怨庸之泯、
皆化民之術也、然則君子過化之盛、不從可覩乎、今以民之備其
精以待我也、無以鼓之、則隱而不出、有以鼓之、愈淡而相忘、夫至
於淡而相忘、則德教之所及、蓋以知刑清政簡之爲、皆王者化成
之治、不勞而致也、豈特殺不怨、利不庸已哉、其治民之責、昔固欲
以除弊興利、躋斯民于郅隆之休、而究教化之原者、尤欲以陶礼
淑樂、沭斯民于涵濡之化、然則王民之迁于善也、則何如、今夫人
之教人也、涵育之、薰陶之、曰俟其自化也、而其人之被其教也、亦

必追其原而叙之曰予之化于善也自其〻得之示有為也而王者之民則不然從事于善之途而故獲其新〻遂其故問誰為化之不知也委折于迁之境而偏会其全美造其極問誰為化之不知也且日迁于善而徼堯之薰蒸益見刑措之翔洽然庸之胥泯無非順則之優游間誰為化之不知也夫王者布甄陶之澤濬而未言而百姓沾淪浹之藏渾而未識遥想其時徽劻匡僻蒙休田里桑麻誌愛畴不向仁義礼遜巾求其自得也猶欤盛哉是果何道而化此哉藉非君子所过而能如是乎夫君子操化民之權者也播其具于東漸西被之餘變其象于草偃風行之際非偶也凡所

經歷者皆然也然君子之過也于何而見之惟即爲之節民性防民淫一也而且爲之立五声設八議一也而且爲之畫井疆重民事一也教也刑與恭也曰如此類者即君子之所過者也而民之化之也亦于何而見之惟即于民之樂輔翼惠漸摩騐之而且于民之甘王鈇達嘉肺騐之而且于民之賡擊壤慶耕鑿騐之不知也不怨與不庸也曰如此類者即君子之所過者化也乃知皞皞之象至遷善而王風愈暢不識不知宛然帝力之何有功業之盛徵過化而主術益純鼓之舞之均爲格被之風声再覩其存主之神而德業之茂不且與天地同流乎彼小補者何以致此

民日遷善之者　尚質

急乎為善之由、王民之所以大也、夫民之為善、皆王者之為之也、而乃曰遷善而不自知、其斯以為皞皞乎、且夫民知為善之樂、必非盛世之民也、而必知為善之由、亦非盛世之民、夫民之于善、優游鼓舞且莫測其善之所由終、又安識其善之所由始、蓋王者甚慮民之安于故而不即于新也、為之二物以造之、為之六行以迪之、曰其遷善矣乎、且王者又慮民之奮于始而怠于終也、為之黨庠以作其勸、為之詩書以豁其情、曰其日遷善矣乎、而當時之民亦若默喻王者之意也、夫其不如人者、就其如人者、其于善也有相赴于不已者矣、遷

筆力堅徤

從容之創見甚有根據

妙品點撥留注不知意美乎

停頓之妙

矣且若深識王者之心也不以一得自足焉不以小羨自矜焉其于

再與一

善也有變動于不拘者矣且日遷善矣是則民之遷善皆王者之為

頓挫　以知于然亦

華醒甚

之而乃日遷哉而抑知其正不然相習于名教之中亦知愛親也亦

不知

知敬兄也日與善為率從而莫知其所由來者則以其久而習也習

則安之則忘此即父兄親為提命矣且漸忘其督責而況于君王哉

又親托一層深一層

各安其倫理之常亦知處仁也亦知遷義也日與善為蹈履而莫覺

日遷遷意須有此洗發

其所由然者則以其漸而深也深則化化則融即其身自為規儆旋

更妙

且不覺其指從而況于我后哉夫陳詩以察貞淫納價以觀好惡民

又以知例不知　是唱嘆之神

之遷善採風者咸知為王化之盛而民相與漠然也何王民之淡忘

如是也禮樂休養于百年學校漸摩于必世民之遷善考古者共知之王道之成而民終樹與味然也何王民之浩蕩如是也其斯以為王民乎其斯以為皞皞乎

以多從民之遷善推出為之以即從王者為之遍取遷善下妙在不遽接不知只虛接遷善以養其勢及至寫不知却以知字挑翻而日遷亦咀出深味筆端飄洒況有不群之槩　依雲

民日遷善　一句　　邱上峰

觀遷善之民已相忘於無為矣夫民豈自能遷善者誰寔為之而相忘於不知焉斯民亦何幸哉今以我所自有之物已失而一旦復得之則驚喜倍常矣縱不知失之之故寧不悉得之之由苟知得之之由愈深于得之之力則應難忘得之之功此在凡情何獨不然而獨不可以論不怨不庸而日遷善之民乎夫大美公諸兩間初非分所有以相贈而秉彝本所同好更非強所無以相驅則善也者固民之所自具亦民之所自遷而即民之所自為也何與王者爭哉然亦有明示以為之之意矣意愈貼而遷愈緩以小民自

（折題矯健）（先遵不知之）（鼓高）（按浮入化）

愛之身心督之而置若罔聞也知誰為之一抑有明責以為之〻具
矣具愈煩而遜愈艱以生人極貴之天良棄之而漠不加惜也知
誰為之一若夫王者之民則惟知有善而已惟知日遷善而已日之
深入刻露
所經愈積而愈淡〻則忘其轉徙之勞而樂其趨就之逸夫民亦
無煩借助耳誠以為己之事而非人之事也我自安作息之常誰
為之董戒我自遂耕鑿之性誰為之勸勞從容涵濡于日復一日
之下而耳目自定心志自閑而試問定之閑之者為誰之力也有
對義尤警
相對于無言之中而已矣一遷之為途愈應而愈熟〻則厭其紆路
之遠而從其捷徑之輕夫民亦殊覺無事耳乃以為己且忘其力

而又何有于誰人之力也帝則我順之誰為誘道於前遂爾德我安之誰為挽持於末路優游漸漬于日不計日之内而性命自正飲食自恬則試問正之恬之者是誰之故也有相泯于不言之表（妙義娓娓不窮）而已矣一夫與人為一事而使之不自知其甘苦則其從之也無力王者之民固有善之甘而無遷之苦故擊壤歌衢之餘别無意外之欣幸（折入更妙）一然代人為一事而使斯人得知所從來則其入之也必淺王民之遷善無淺入之跡亦無深入之形故含哺鼓腹之衆徒知日用之常經一是非神化之君子烏能得此于民哉

遂以紆而自長思以幽而自遠筆筆轉換脱盡故畦　姚心求

尋常言語經作者說來便覺異樣超雋惟其不肯使一直筆故也○姚平山

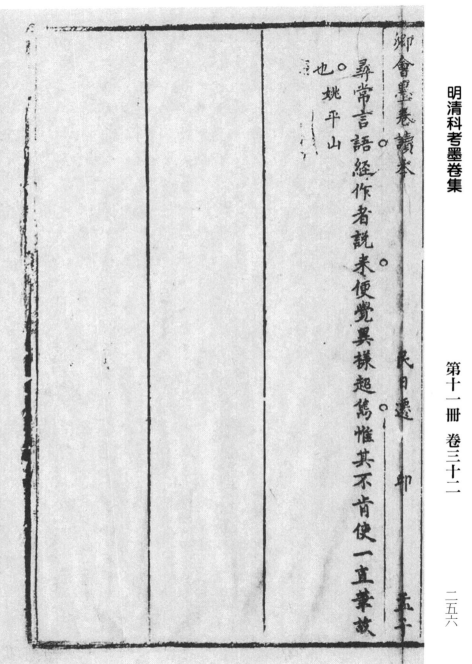

民日遷善　一句

科試福清縣學一等一名邱振芳

王民與善淡、若並爲其機焉、蓋民而遷善、此必有為導其機者、而導之者並爲其機也、則惟有日遷焉已耳、且近世之民、若與民兩相忘、治世之民、君與民兩相赴、忘固淡也、赴猶迹也、上世觀其意于君與民之間、而不必有赴之之迹、仍不害有迫之之神、則轉移之旨、窮于擬議、而其風已古、吾以之進觀不痛不懲之民、汤穆之氣象最庸、疑於溺故而悍新、閱其境而翻然若與此未盡天心之自格也、新故交摩之介、即規之焉為索其端倪、亦猶民者所不[illegible]實之事、一醇問之精神常結、或將負性而抑情、窮其際而曠然以遠

亦安在靈府之自醒乎性情默盪之機即切切焉為開其提命亦
鼓物者所不得已之端一然則民而遷善其必有為之者歟善之取
徑也紆委折致之而浸漬浸潤則樂以為之之者之力然使力而
可惜則欣厭之情必參所善之引伸者有時而迎將有時而距矣
吾觀盛朝之丕變也俟明揚記神聖亦淡而不言而德歌風畢戢
還叩而奠解游焉息焉繼欣厭以相嘗極歲月之遷流董成紙洎
如也日委折於紆之之徑而一歸淵穆詘則為之一善之取數也情
奮激勵趨之而若馳若驟則舉以聽為之者之權然使權必有待則
論浹之情不深而善之推挽者有時而窮將有時而縮矣吾觀元

會之誠和也。賁鼓鐘簫觀習焉，而莫名其指，飲食日用，身安焉而
不發其天，冥乎漠乎，直渝浹于其素，秉彝所存，為遷轉而輔翼，究何
迹哉。曰畜涵于傅之久數，而總屬羣忘，識則為之。且夫作息自如
者，王民之常也。發以驟得則驚駭而不恭，熱以自然則優游而餘
偕素，而此日之源，連于善者，夫固其夢寐之甘，而忘禮節儀之苦也。
善之興，愈開愈見，愈渾久之，而遷還其故吾矣，謂得而歷其塵
感也哉。而變動不拘者，遷善之説也。曲有所就，則扞格生而民俱
非常，恬以相遭，則意見融而神游，無始而此民之浸潛于善者，夫
罔其靈明之詔而安，有匡直之文也，遷之何愈，積善之味愈醇，久

向若編精選　　民也濟

之而達順乎帝則矣更何所揭以爲持贈也哉嘻乎大古無制正
之文故康衢之謠皆寔錄中材悉聖賢之器故郊遂之典亦虛名
蓋惟日遷善而不知爲之者斯真善也斯真皡皡也已
渾然繪出皡皡形容隱然逗出過化存神消息圓光正在兩者
二字中向來作者都用截講全沒理會矣文乃字字傳神不以
鋪張涉套不以摹擬損真騰青霄趺浮景落筆蘇有化工也
寫出使自得之光景不用破析一筆如物之嬰如時之春直是
元化自然流出　方雲集
清言綺麗莊語風流初日芙蓉其愈于鏤金錯彩也多矣　周未能

民日遷善

夏慶譽

王民之善若與日而俱遷矣夫善民之所自有而王者在上則日遷焉其將以此徵皞皞也聞之霸者之民富富斯已乎曰應沃者之易（兩○曆○潮○善○字○）淫伯者之民強強斯已乎曰應勇者之忌義然則王者不易民而治亦以有善而已矣善之理在民則仍自視乎民之攸行而其效若取之旦暮間也殺不怨利不庸爾日之民何如哉民以皇哉吾君之處（彼○民○吾○中○有○出○之○齊○）武也去其為民蠹者也斯秀而良者集彼之矣處世之適鐸豈必倍于今時而尹之可封者比比也民曰遷哉吾君之胥澤也備其為民用者也斯尸而祝者樂說之矣聖朝之象觀豈必繫于近代而風之

可辨者此〻也曰民善也民本至愚未識仁義道德之為美相與泳

叠字刊割

王風之浩蕩而蒸〻其動矣以其向所未有而今相率以就之則謂

之曰遷民本至朴未識孝友睦婣之為良相與游王道之高深而疊

齊其從矣以其素所自有而今遷浮以教之則謂之曰遷然而遷亦

有候焉見異而思遷者人之情也特用之于奇衺則左道耳若其移

寫日德有景有情

此意以好德也闢闢耕鑿之天亦若出其新奇以共赴非之所浮今

日思之而又有進焉斯不禁其陟觀矣遷地而弗能為良者人之情

也將用之于枝能則貳事耳若其即此意以赴功也少長嬉遊之下

反若開其嗜慕以爭趨且之所為夜思之而又有進焉斯不禁其易

術矣吾想其民蓋日遷善也(又從日字看也)天子大采朝日將務為令德以協躬吾儕小人其何與焉倘若有日昃不遷之象也自我父我兄家修長者之行其有不善則子弟亦愧于顏而遂思日有孳孳焉如此師尹日入監御將修其職業以宣化吾儕小人其何有焉乃若有日中必考之形也自我鄉我里俗無澆薄之概稍有不善則俯仰不安于室而遂思日有汲汲焉如此吾想其時日甚暇而民甚迫惟恐虛一日即少一善也乃日日而累之而善已不可勝窮也民甚樂而善人甚寬豈必有一善始給一民也乃日日而計之而民已成為太古也誰為之王者為之耳而此日之民則有不知誰何者

倒全題為意於寫本文却復工于拆字法郭青螺前不突後不竭二語遂為千古作小題者鼻祖舍是則墝埆索塗其何以行之哉

民日遷善　同流　陸秉笏

教及于民而亦忘焉、王功同于天地矣、夫民日遷善而不知、若于之化神何如者、令不怨不庸以覩之、不與天地合其德乎、嘗覩聖王馭世、未嘗高清淨無為之名、而卒不見有為之迹、遊其宇者樂若別有一天地焉、蓋人情不介而自孚、治功不疾而自速、誠有成能于位育、而合撰于高卑者矣、不怨不庸、王民之向化者何其神也、則風流令行之下、亦既共沾覆載之恩、均沐生成之德矣、而王者于此、猶且漸以仁、摩以義、喻以禮、而淑以樂、務使一時之人、争相慕善、與日俱新、自非王者為之、而誰為之哉、而民于是遂已日

重挑為之不知二字遊說

進于高明也歟倫紡紉祇自安其飲食居處之恒及問其何以絲
身于熱物則茫然無以應也而民于是遂已日去其故習也孝于
不知丁二而只此一句
悌弟旅自率其家人父子之常及叩其何以得見諸躬行則瞭然
喜在堂句卑變乎帶
莫饒鏡無猗然然鼓舞爲爲之孰令欽之是豁如天地之無心而
出經化　空果乎慎敏捷　似數乎內出
成化不言而自神者乎不然何以參贊經綸之下有時刑以輔乎
綿月偽然著手然滋尼一出類　高業
教一若鼓之以雷霆而不為厲然有時養以裕其歛一若潤之以
起勢順落
風雨而不為恩也大哉君乎之過化存神乎其下濟上行而無乎
勿届者吾又烏乎測之試為之仰觀乎天俯察乎地天地之所過
者蒸化耳二五之妙流行乎寒來暑往之中而品彙自為消長君

予隨其身之所至而相之爲風聲者即應之若將鼓則王功之默布不跡于二氣之循環天地之所存者主宰耳太極之理默運所無聲無臭之中而教化自爲川流君子隨其心之所動而運之在皇表者即應之在草野則理治之幽宜何異乎一元之醞釀若是乎其化神也豈待恩威並濟之後家爲諭戶爲曉始克洗心革面哉彼民〻者何知不嘗日戴天而不知天之高日履地而不知地之厚也亦圖要之漸摩深而忘其愛戴聖功之廣大難名也德業影而捷于影響君子之覆載爲量也王民如此小補云乎哉

機與法相生意與筆俱到便覺波委雲屬步〻引人入勝 吳[illegible]

機自迅利，局自安敞，小講章祗為穿鑿上，濾去多少補綴襞積。
漢挽亦並臻化境，潤川

民日遷善而不知為之者　陳世治

王民之于善深之于其能忘也夫有其為之而民始善乃日遷而不知也斯王者之民哉且由今而思王者之民因反覆于王者所以善（嫌○處字而○齊○）民而知其意甚深且以歎其世之難遇也今當日有若是者而豈為皞皞豈所以為王者之民哉蓋王者之善民至無論其性之（推○盛○）皆善者亦善否不必立其名惟其有不善也無顯蕩以如是為善矣以適然而若趨且因物而有遷者并天性不能久其居轉若至自外也（遷○字○曲○折○出○）誰默（最○知○字○就○善○字○翻○此○就○疊○字○翻○）術以周有可復使皆欣然而求進是寔王者為之始由不善而遷焉（別遷字）方以嗜慾機智為生人極重難變之勢也惟王者為防其僻而出之

從可知內囊遷善悟樂難空

邪戒其偏而引之正而獨弗知曩日者見為不善則衆相與效之漸乃日相悔之令則既日相疾之有如說焉夫豈民所能自為而民也還自念焉其惕然陷溺之中而遷于是者已不知何日始矣直覺其所無而自竟耳既由善而遷焉猶以一行偏長為生人至極無加之諸也

根痕頭抱轉

惟王者為慮之精而示之倫愛之周而誘之篤而獨弗知曩日者見有善則衆相與悦之漸乃日慕焉之令則既相與有之無所慕焉又豈民所能自為而民也還自念焉其驩然道德之一而遷于是者且不知何日止矣若悟其本有而自起耳使民喜于遷善而不忘所自來其服于善也必不深蓋驚其善而蹈之者色動而神未悟習

對照層

刻劃

其善而安之者中化而外自淡也王者雖遷善之後猶將不已于為而其遷愈固其知愈朴其徧爾德者即在此民之質奮然民勇于遷善而願誌所從起在養以善者必不禁乃善以旦夕輒竟者動耳目而易奇善與世數俱積者叢以去而轉平也王者于遷善之為本非禁其知而于善彌近于知轉遠蓋從汝極者并忘為皇之建矣遷善不知乃不怨不庸之外所為皞皞又如此

日遷二字窮力追新直奪明遠先生之席周知放句須險定句須雖兩言不獨以為詩式　儲六雅

民日遷善　者化

葛李院歲試興化府
李一等第七名廩　郭　韜

遷善者又泯其機可知君子之妙于化矣夫必為之遷善其遷之
猶未化也乃並泯其機焉不亦知君子所過之妙乎嘗觀風問俗
竊嘆上世之民其轉移于王化者誠有窮于擬議也以為民之自
致乎何聖王未出以前而民罔何善以為君之相迫乎何愚民順
則之時而君自無為吾蓋恍然于風移俗易之原與夫刑清政簡
之相渾者自有其丕變之妙焉而君正不必多為之往來于其間
也殺不怨而利不庸王民之皞皞寧僅名跡夫王者聯東西南朔
之衆環而聚之于一身其權足以君人其德足以子人而其道又

是以師人故以肇修樹斯民之望即以朝廷端起化之原凡巡風
省土經歷閭閻無不欲爾時之民咸遷於善也而民果於善是遷
也則試覌民之日遷善〻之取數也多能博以取之而隨歲月為
遷流則未始不曰為之者之力乃覌王民之化於善者直與性命
為依鼓舞何事鞭策何庸日淪浹於善之數而𢘅屬渾忘固不殊
夫天討所加而不憂其虐也誰則為之善之為途也紆能曲以達
之而與歲序俱遷遷則未嘗不曰為之者之功乃覌王民之化於
善者且有夢寐之[illegible]董戒胥忘輔翼胥泯日𩔖蹈於善之途而一
崹淵穆又不殊夫美利所溥而不言其恩也誰則為之是與不怨

于所不同見其皞皞乎吾想王民吾思君子矣夫王民之泯其
於善者應感不得而相膠非為糾虔天刑而始革故非為權術拙
利而始與新習為日用之常而草野懋修自上適乎朝廷之學問
而君子之布其風於民者拂拭自見其相從平章之內即具德威
協和之中實繪愷澤渾乎漸摩之迹而黎民於變甯有假乎誥誡
之殷勤蓋所過者化也物以相錬而後化君子之於民何有相錬
哉隨寢躬之所發自有以薰其德而為善良變化之交在民誠有
不知其然而然者矣夫風俗之易日煩鼓鐘聽之者竟漠然無所
動而君子乃融斯民之血氣心知條移之于警蹕式臨之下事以

積久而後化君子之於民何事積久哉任玉趾之所經自無不象其光而入於善化机之捷即在君下亦有不知其所致而至者矣夫倫紀之修日申文誥處之者竟置之若罔聞而君子乃耨斯民之耳目視听頓新之于旌旗方拂之時此非徒信之於民日遷善也即其不然不庸亦何不可見過化之妙乎更窺其所存然後知君子憂乎莫尚矣

民日遷善　二句

九名　黃琬

王民相忘於善愈可思王者已夫人既遷於善亦未有不知其為之者也而王民不知焉不愈令人思王者乎且甚哉王者之代其昏一世而甄陶之以共遊於大道中也吾意斯民寤思之下父老扶杖而泣曰庶撫我乎顧須臾觀德教之成孟感恩慕義人孰無情斯亦王者所甚幸也乃以觀當日之民殊不謂然彼不慭不庸如此意者感於道德之中而情為倍至而時有十聖人在其隐念以符抒於我后者乎柳澤以詩書之氣而感齊盜神不啻典型之式於其前而群歌帝力於乎乃斯民之教忠厚尚醉靡善矣乎曰

神致飛舞

下語極有分寸

庚午廣西

善矣且人崇孝弟興仁讓遷善矣予曰日遷善矣至問其所以

批開一層不煞為之者四字更覺分外生色

為之則知者誰乎今夫有物與人而人之得所與者未始不念物所由來而皆其人之為而不忍忘也而王民之善何獨漠然耶抑人有功於人而人之崇其功者亦未始不念功所自出而皆其人之能為而思頌揚而王民之遷善何為慹然耶則見其父與父言慈矣子與子言孝矣兄與兄言友弟與弟言恭矣若以吾之飲食敎誨自率其常耳而於上之司徒何與而且蕩佚之必戒也執度之自術也淩競之習罔敢蹈也若以民之負耒橫經罔分內事耶而於國之黨正何功其未善而遷於善也向往維勤而不知誰為

之倡其已善而益迁於善也精粹是務亦不知誰為之力其不知也斯所為王民乎

不沾沾于題中講煞手寫題中神遊題外胸襟疎落筆下瀟灑

民日遷善　一句　趙炳

王民之善以不知為王者之民也夫民之遷善王者為之而民不知也斯為王者之民乎嘗謂天下風俗之原成之者恒在下而為之者恒在上在下者不可不令上知也不知而聽其自變則去古日遠在上者不可令下知也知之而測所由來則亦不能與古相忘試觀王者之民一歲而布一美令斯民常不樂為更始然以更化善俗為民間朝夕之事則必不以主上之神明與民日日而計其淳漓一事而成一頌聲後世常不樂為流傳然以易俗移風為斯人天性之事則必不以愚賤之聰明與君日日而求其淺深故

直領知字筆意靈慧

遠所以不知之故最畢真景象

先發

本朝名家傳文　孟子

王民之遷善有不知其為之者矣去不善而勉於善一旦圖之亦
性情之事耳乃且之所就多思之而又有欲進於此者則化導之（從遷善折出為之者）
力居多矣意其時飲蜡報田實有王者化導勸民之事而民則不（謂其）
知也蓋匹夫雖愚豈無一事出于性情而頓引為維群之樂愷與（只用空筆便不複起股意）
恥不善而即於善終年效之亦長者之習耳乃多之所移且思之
而旋有欲加于是者則鼓舞之周不少矣意其時歌謳農桑實有
王者鼓舞斯民之政而民則不知也蓋夙夜不遑庶幾一事同于（後股用兩對法）
長者而豈欽為聖王之風聲與夫人情之自為良士與為人後而
後為良士者必有樂與不樂之辨維民風篤厚而和吉之氣應焉

歟其遷善也或得于父兄或得于鄉里乃日久漸歷而且相忘為（觀詩提切）
（有朱）父兄鄉里之德何況君王也抑有姓之教而師德與不待教而自
能師德者必有深與不深之異維民氣雖和而攸好之德備焉故
其遷善也或因下飽煖或澤以詩書乃日漸薰陶初不覺為飽煖
詩書之効安問聖代也化日嬉遊但覺黃虞去人不遠民風淡漠
始知諒歎後世為多此所謂皞〻如者乎
實有為之遷善者在而民則不知此際見皞〻景象識解的確
而猜思高味絡繹出之手揮絲桐目送還雲兩山爽氣在我襟
袖此種佳境亦近今罕到也

民日遷善而不知為之者

賈國維

率教者安其故、益驗王風之盛矣、夫民日遷善實自王者為之、而當時之民不知也、其斯以為皡皡者乎、且吾聞近世之民智而上古民愚。是說也、吾嘗疑之。治神游王者之世、而見民之沐浴於至治者日相忘焉而不覺、然後知其被德者既深、則其所以戴德者反淺、而果非斯民之故為愚也。（盡心作屢）今之言治者皆曰王者之民革薪從忠未嘗一日安於其故、田心騖他、又且日日趨于其新、其遷善也如是、此非王者為之而誰為之乎。為之自王者、則必穆然於德之所由成、天子至尊不薄民為卑賤而偕之泰道、其所以委曲成全之者、厚意何可

王寶太

員也。爲之自主者。則必曉然于性之所由復。我后神聖。不亂民舉不肖而悟之。文章其所以鼓舞激厲之者。深情何可遏也。而民何以覺（二意刻劃不知最醒處）不知也。人情之趨于從善。與夫不待趨而自爲善。原自有安勉之別。故上之人驩以期之。下之人驩以應之。非不知其爲帝力也。然而此外無餘意矣。若夫王者之民。其風抑何恬也。始而習之。不覺其可喜。繼而移之。又不覺其可驚。服疇食德。皆我生之自有者也。而于君王何與焉。人情之勸而後善。與夫不待勸而自爲善。原自有厚薄之分。故上之人曲以誘之。下之人曲以奉之。非不知其爲主德也。然而此外無餘情矣。若夫王者之民。其心抑何淡也。未嘗強之而不覺其甚吾未嘗募之。而亦不覺其甚甘橫經負耒皆我生之所固然者也。而於朝廷何有焉。蓋霸者之政。見為興。而王者之政。見為常。山高牧民之書事事。駭人觀聽。而終不若日用飲食其理每質實而無奇此亦知父詔兄勉日在其漸摩之內。而不知其為誰之功也。何暇為頌禱之文也哉。抑霸者之政使人動。而王者之政使人靜。故壺區釜鍾之慼事事生。人感嘆。而終不若耕田鑿井其事每公溥而無私此亦如仰高履厚日在其涵育之中。而不知其為誰之力也。亦曾有愛戴之迹也哉。以此觀之。何皞皞也。

文情道美

處處將驩虞比服恰是皞皞真景。得解只在反覆刻抉知字。精爽

一貫　太

王瑞貞

二
貫太
透露高話羲皇今人神姓不數父老說開元矣。
參巖

民日選

王瑞貞

民日遷善　同流　二十七名　鄒旗

觀王教之速而知神化之所同矣蓋君子之所過所存合教與刑政而皆然也即民之遷善觀之君子不已同于天地哉

（搏探全題自出一則議論並不牽强）

嘗觀盛世無頑民猶之兩間無棄物夫民而何以無頑哉蓋天地無心而成化聖人有心而無為即其所為不疾而速不言而諭不獨教之所被為然而即教之所被觀之亦可知其參贊之非虛矣如不怨不庸未足以盡王民之皥皥也

（帶上即是勢補）

古者刑以弼教移郊移遂無非牖廸斯民之端古者既富方穀恒產恒心實為相因難緩之事是教者王道之所以要其成也而民何如哉苟于斯時望吉月之懸書而

始惕然曰人倫日用之間一王之訓誨著焉我何為而不滌心改

淺知字振起人勢

德乎一聞董戒之成命而始惶然曰勞來匡直之施王之加惠無已焉我何為而猶匿志不遷乎若是雖遠異于霸者之驩虞以視太

揖起天地別甚

極之主宰于一原而動靜翕闢之因其時含生負質之順其則者不猶有間耶而王民豈其然哉吾見其相觀而善之際非不漸以仁而不知仁之于何而存也非不摩以義而不知義之于何而盡也皞皞然猶是不怨不庸之衷相安于不識不知之天矣且其民

補洋自然

風至變之餘範圍于禮之中而不知為禮之所陶也和順于樂之內而不知為樂之所淑也皞皞然祇此不怨不庸之懷相忘于遷

善改過之為矣此其故不必問之民也可觀之君子矣即君子亦（發馬下子坂）
不自覺也觀天地則知君子矣太虛之中本自寂然無何而生者
自生矣成者自成矣豈庶彙之能自為生而自為成乎益陽德新（縮得亦別饒有思理）
而資長嚴肅至而收藏天地之教寓焉天地以刑政即寓焉其斂（精闢）
而必舒者大化之過也其用由于體者大化之存也故施處覆載
者萬彙安于運行之常而已誰識其流行不息之機無遠兆之象
亦甚紛然無何而欲無不聚矣慾無不去矣豈小民之能自為聚
而自為去乎蓋法制定而耳目一皇極建而道德同君子之教在
焉君子之刑政亦在焉其宣之四國者猶愷悌之相成山澤之相

通也。矣之夙夜者猶四德之遁推。八風之叶應也。故仰承德化者咸忘乎鼓舞變化之自而已。寧有殊于上際下蟠之盛歟。過化存神。君子誠與天地同流哉。霸者何足以語此。

用法密而布勢聲節制之師。豈同野戰。化神本是天地之能事。君子與之同流者。所謂亦如天地之氣。一噓而萬物皆生。一吸而萬物皆成也。此處罕能發明。後二比一言天地之化神。一言君子之化神如天地。同流二字獨不抹煞。王學舒

民日遷善　之者　　范林嵋

王民之太有與善相忘者焉、夫非有為之者、而民何以遷善乎、而
遷善者竟不知也、斯真皞皞也哉、且吾嘗遐稽盛治、而見其時風
俗醇美。黎民於變。每穆然神游其際、而且嘆生其世者不知何如（文、泉、不、知、二、字、五、見、）
欣幸也。既而思之、惟未生其世、則見以為欣幸耳、知既生其世也。如
反有漠焉漠焉而相與忘之者矣。吾于不怨不庸之外、更有以觀
王民之皞皞焉、使王者日討斯民而訓之以月吉象魏之文。民有
識其意旨之所存者矣。若夫不責以速效、而惟俟以漸摩浹其教（從使自得出、遺出。不知之所以然。）
者。咸以為日用飲食之固然也。則有雍然而觀德教之成、亟使王

者日進斯民而詔之以整齊畫一之條民有識其立法之為我者矣若夫不驚其智識而惟養其性情被其治者不啻如服食起居之自便也則有悠然而樂性命之情爾吾想其時蓋民日遷善而不知為之者人情所最難忘者生成之感欤有述父兄之教追師友之功而感嘆欲絕者亦謂是為遷改之由也彼王民之風移俗易誰實為之乎乃導以詩書而卒不知其開諭之勤教以禮樂而卒不知其陶成之備蓋人人有士君子之行又人人以為篤天性之良也而為之者之功隱已人情所最動念者鼓舞之恩故有偶見聞無意之觀感而稱嘆不置者亦詞是為激發之自也彼

（挑為字靈動）

（襯筆有情）

民之時雍丕變伊誰為之乎乃中和日迪而數以六德者則不知孝友日除而詔以六行者則不知蓋人：有厚自勵之心又人：以為率知能以素也而為之者之功忘已足豈淳風未遠耕鑿而外非其所藏與而非也治淺者不能不令人知猶治深者之不能令人知也投之意中者自不以為意外而驚之不然一事之感入人性情豈人：備德而顧悠：置之也哉是豈君民甚懸運量之徵非其所寵與而亦非也期淺效者以民之知為幸期久道者以民之不知為驗也優游而飫之者自必淡泊以應之不然一日之恩勤其鼓舞豈世：戴德而反澹：忘之也哉採風之太史所

渾一率少懸

極言上下之相忘

不得其歌詠之章。懷古之文人。亦莫考其衢巷之謠。猗歟盛哉。斯真皞皞之象已。

註中輔其性之自然。使自得之二句。是民所以不知緣由文就

此意洗發。最有把握。後二比曲折頓挫。可謂絕世丰神。

民日遷善　一句（孟子）　閻泰

民日遷善　一句　山西　閻泰　二十名

忘乎遷善之由者，真王民也。蓋民何以善？民何以日遷善？此自有爲之者，而竟不知矣，王民之所以皞皞歟。聞嘗神遊三代，而見其愛民深，爲民切，而期天下于進善無已也。夫以小民之性情，至不自治而受治於君，彼固已自處於愚矣。雖然，亦正樂其處于愚也。蓋民固不終愚，而特自忘其智也。王民之皞皞也，初不辭夫齊以刑者，而何以不怨也？而王者正未嘗徒以刑也。進此而齊以禮，而民知有禮矣，耳目爲之一新矣。更不辭夫道以政者，而何以不庸也？而王者正未嘗徒以政也。進此而道以德，而民知有德矣，心思頓覺有異矣。蓋日

折○聲○此○嘆

善矣意為之者振作有日而民之慕善者亦因以有日也一道同風

時則云帝力何有意為之者漸摩有日而民之趨善者若惟恐無日

日○字○挑○剔○妍○妍○新　更○新

也家喻戶曉時則忘君王之賜則是必知為之者而乃日遷善也而

窄○○騰○挪○而○出

孰意竟不知也亦知有名教之尊而不知誰為之尊亦知有名教之

筆○轉○勢○逸○波○展

親而不知誰為之親設以伯者較此反似彼之民巧而此之民朴也

折○筆○生○姿

然亦何妨於朴也國家行一事而僅責民以信從雖化行而意無餘

[illegible]蒸蒸然而不自已也意豈無餘也時而知名教之嚴而不知誰

[illegible]時而知名教之寬而不知誰為之寬設以伯者較此反似此

[illegible]彼之民智也然亦何必其智也國家行一事而徒示民以

見德儀意嘿而化亦淺淺且油油然而無能名也化豈狹淺也蓋天子之礼樂文章自能入小民之心志而須無所與犄無所肅祇自循其遷善之常小民之日用飲食亦足傳天子之德意而君子得其真小人得其欲羣相遊於不知之天所謂皞皞者如此而王道之大可想矣（詞氣醇足）

氣体流逸如微波生皺溶漾紆餘不意此題乃有此文（貴槊來先生）

還字日字為字不知字旁搖側曳淡蕩綿邈丰神姿致最善移人

惟其筆体不俗故選言蘭芬一往弥多雋氣（蔣梅士）

孟子　民日遷　閻

民日遷善　一句

甲辰江西　劉啟江

善與日遷民亦忘其所自矣夫民之遷善必有為之者而竟不知焉不愈可想其皡皡之象乎且吾觀王者之世而竊歎王者之民革其面併革其心何多善也意民幸生斯時沐其教化安其倫理其相與歆功而頌德正未審何脩而孰意後時而褒之者早已當時而忘之也如不然不應此時之民何如乎但見嫉惡如仇改過不吝惟恐誤即于匪僻以貽誚于人世父誡其子兄誡其弟惟恐稍傷其天性以負慙于高厚是何其能遷善乃爾乎夫固有為之者也為之漸以仁而後有以滌其慮為之摩以義而後有以檢其

振一段通篇得勢

身且為之三物六行而後有以齊其俗為之匡直輔翼而後有以
同其風蓋遷者民也而所以為之者非民也乃民亦知之否耶一日
次發〃字清新
與日之迭運也每相續而無間善與善之相引也亦有觸而即通
在民併不自知其善何以遷而安知有為之者日與日之遞更也
故者如遇其新善與善之相投也新者如逢其故在民即或自知
其善之遷而亦安知有為之者蓋物則秉之民彝王者未嘗挾所
襯勢俱有精義
無以相強故日出而作與善偕動日入而息與善偕靜民自有善
而自遷之早相安為居處飲食之恒一大美公諸宇宙王者恭嘗分
日遷如發〃[illegible]無痕
亦有以與民故一事遷善覺惟日之不足終身遷善覺化日之舒

長民自有善自遷之而自爲之眞各率其家人父子之性存後人（從旁）

徹出更覺[illegible]話

仰溯王風無以爲斯民之善不有爲之何由遷之若以問之當時

之民曰爾固知有爲之乎而戒董祗覺其多事即王者自觀民俗

豈不以斯民之善惟有以遷之庶不負所以爲之若遷即之當日

[illegible]謂項[illegible]以知字

之民曰爾亦知有爲之者乎而君上若見爲無[illegible]雖麟亦知遊鳳

觀出不知愈出愈奇

亦知彝乃民則何知弟見其善之遷也由蒙昧以竊[illegible][illegible]正如日

之升而未有已雖河亦知清海亦知晏乃民則無知第見其善之

遷也由元會以歷今茲一如日斯遷而未有窮要知上有見德之

再闡日字

天子即以徵風會之降而主極未純下有歸功之百姓此皆屬粉

飾之詞。而感朝不貴。吾安能不致思于皞皞之民歟。

字字生新。語語雋永。淋漓盡致。真使閱者耳目一新。

此題人多覺那日字。作者獨從此生出妙論。大人之心何所不至耶。尋思撲

民日遷善　之者　　應　露

善遷而若無為斯皥皥之象也夫非有為之者而何以胥善哉日遷而不知夫是以為王者之民今夫教成於上俗成於下感應之機也夫不有所感則應何自生此其故易明而意主乎應則感必不深此其效亦易量但使其故不可得而明斯其效乃不可得而量矣如不怨不庸非此民乎民情至愚雖有明誘以善之術亦莫必其能喻此而喻矣愚固出其天性而豈望於溯所從來乎民氣最樸雖有屢進以善之途亦莫必其能變此而變矣樸則猶為近古而豈求其有所溢美然既有所以為之則亦自得而知之以有所為而遷之則雖本於

為之者而莫不知而王者之民與矣善為民之所大同雖以王者天
○二○意○精○確○
覺之聰明不得傲民以所不足其不容以此自私也久矣故一有所
○遊○日○遷○却○不○覺○
為即莫不本乎心得迫躬修益著而觀感愈深歸其有盡者亦日復
○為○之○矣○是○乎○民○遷○善○覺○
一日閱歷而遊新焉仁者自成其仁義者自徙於義合百行之純懿
○喻○焉○不○知○真○渾○入○骨○髓○不○知○之○故○供
而各修其可願凡皆生而無歉者耳而誰其知之善為民之所最樂
納入善字中衷
雖以王者天懷之肫摯不能外民以為物則其不忍以此獨樂也久
矣故凡有所為莫不本乎彝好迫與情共協而道德漸一受其裁成
合絜矩○之○道○以○入○
者亦日以繼日相秉而丕振焉高明而柔克沉潛而剛克通四方之
○治○人○泰○者○出○不○知○妙○義○
風氣而自生其節文不過互為鼓舞已耳而誰其知之且王者之禮

樂亦最明倫矣禮所以閑之於善也樂所以養之於善也如使禮樂盡廢即王者亦無以為訓民之具惟是循習既久而民日進於淡忘

不如景象通真排宕屈曲風韻遒勁

雖具雄才大略其氣彌歛將泮宮之鼓歌幾與田家之樂惜吹豳而自若其性則為之者何與我事與抑王者之刑賞一本忠厚矣刑以糾之於善也賞以勸之於善也如使刑賞悉捐即王者亦無以為匡民之端惟是渾穆相承而民日濟於昭明雖當類聚群分其風自同將一室之喜慍準於萬方之輿論緜評而盡出無心則為之者不更相忘與勤施於上而凡民泯其識知則德無名也順則於下而我后不貴虛夸則民之質也我用是穆然於君子矣

再尋意味耐人咀嚼。原卷總批

穿穴經史而漢鑄為偉論故風格高秀節奏天然　張番升

氣度勝人故淡而彌旨不獨以才華擅長也　陳旦上

平近切蹇為文獨具幽邃之致縹緲之音蒼翠之色時手出之便使人味同嚼蠟矣　第圍呈

民日選

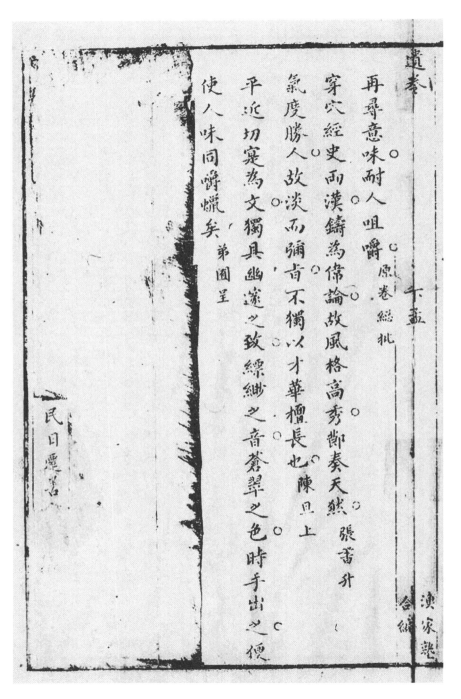

民信之矣 癸亥

政貴得民有見於兵食之後者焉夫信者先兵食而存後兵食而見者也爲政而終以是斯爲政之常經歟今夫人出而爲政有一日之所致可以規百年而百年之謀無能易之 日者其在得民心乎爲攻者徒恃在外之勢以爲可以自固而民情未孚富强雖甲於天下終非長治之道也是故言政者又有見於足食足兵之後者已食者民之天也聚數百年貧乏之民與言忠愛恐難立效耳乃或食之已足反不如其貧此胡爲者也食足而民不冀焉米粟雖多齋盜則有餘奉公則不足也食所以不可恃也夫我則爲

二語破的

政而民固或戴我何以濟乎兵者民之衛也聚數百萬罷弱之民與言尊親有退焉阻耳乃或兵之已足反不如其弱人胡為者也兵足而民多貳焉車華雖利黠者得以為藉敵人反以為援也兵所以不可恃也夫我實為政而令民或貳我其能久乎此無他無以致民之信故也善為政者不然吾觀古之盛時政行而財阜師出而威伸其時之民躋堂上壽稱觥獻公而且勇戰從官從王鼓舞何其信上之深也然後知善為政者其有以致民之信固已久也蓋信者存乎兵食之先者也方其本業未興我兵未詰其留意於民之信者蓋亦有素矣然豈能還至而立效也迨乎饑寒之苦

即從兵食中看出信來

釋則出入可以無他三軍之氣伸則編户群知死長忠愛悱惻之致乃油然而生焉君在而言忠父在而言孝不自知其何以信於民也而民信矣人心之所以可合而不可離也信者寓於兵食之内者也方其勸爾農桑嚴爾士卒其加意於民之信者又有素矣然而未可朝期而夕應也迨乎丘甸之利既沃則教化易施隊伍（照註補出教化）之法既嚴則人情漸一尊君親上之風乃忽然而興焉僞者獻其誠詐者獻其忠不自知其民之何以信我也而民信矣國勢之所以可靜而亦可動也此政之常經也

民信不粘兵食然却脫離兵食不得玩之矣二字自見篇中數

民信之矣（下論）　王　普

民信之矣

蕺山書院徐山　王　普
長會課一名

求實心於實政而政全矣夫信在民所以信者在政政民與教而政成焉且駕馭之世能取天下之勢而不能致人以心（瀑泛于下難數十里而外皆開水樣出）蓋生平最（蕙文之）真之一念必不肯輕爲之予而當其欲示所信則又莫或致之而泯盡摯其所難言之隱而盡獻之（提句直透章來）與其效求之在上而其機不在下也足食足兵凡以爲民也民莫患乎身家之念未忘向君者一心謀身者又一心分取焉而不專矣若上之人亦既曲體而代之謀則民不必自爲謀而且謀君之謀矣安全之民甚愛其上也民莫患乎憂慮之私未釋陽奉者一心隱憂者又一心旁用焉而不

擊乎若上之人亦既驚全而去其憂明民不必自為憂而且憂君之憂斂逸樂之民勿後其君也吾見生聚之年即其教訓之日於斯時也民信之矣皎然不欺之素隱隱與國為維而難乎不欺欲之之忽揭其藏而示之我耳民之意淺而情不相聯民之意深而情愈不可知也信之所在感恩者有終身不得見之人銘心者有終身不必報之事是兵食之裨也太古之人以矣渾可親矣純然不貳之心在在流於既溢而難乎不貳者之盡迴其懷而輸之我耳國計未可以百年民心亦未可以一日也信之所在數十年之久下尚可治以祖宗數十世之人心留有餘於孫子是藏足之養也

三代之治象大類如斯矣有緣兵食不見告相不以緣兵食而至
者中藏雖叵測要不忍戕託命之身何慮忘所來國以相猶而涉
試觀尋常酌酒父老躋堂況曆從御僕夫慕義響應篤意所
乎金鼓悉義聲所播感戴無已之思有流落於非彊戎馬之地推
其至情之懇摯有凝而勿散者也草野苞私議毋留以稱澤民之
主而取疇心予何煩即事而求蓋即繫并耕田淡忘帝力放牛歸
馬久脫戎衣而出負耒之暇以横經進軍旅之事以俎豆朝野之
乎之氣直呈露於耒耜干戈之外惟其生性之纏綿有合而但
昔此時政之全也

不將民信扭入兵食內。便解卻領給兵。張爾公之言良是。經其致此固非偶然。能為暗水之流。花不為重雲之遮。月若斯總諸定屬瑞金後來之俊。原評

將民信扭入兵食內者固非。然竟脫卻。亦未為楚失而齊得。味

○本文語氣。本自明了。集註又相承說下。篇內兵食之神兼足之

○恭乃使題中虛實字義都出。古穠亦不諱。濃餘非近人筆墨所有

脩道憲府試惠安何應旂 榜名倬元
縣童生第七名

民信之矣

民有所由信而知政非徒尚兵食也夫民有未信雖兵食其足恃乎至於民信之矣則上之致之者豫耳若曰予寄堅世之長民者或以民心在所緩而竟不謀所用力或以民心在所急而欲邀希夫速效烏知事有相因功非倖獲圖之固不容稍後得之亦無由強致正未可忽焉而不思其故也為政之道既在足食足兵矣然使入其國而覘饑無齊堂之憂畝豣絕媚上之誠則沃土思淫即疑貳之端所自開矣又使入其國而師無仁人之疏卑乏君子之容雖威強足恃而尊親之感或未動矣而政無應此者蓋兵食兼舉以來教化即行乎其間也於斯時也民則信之矣民之信上也不以文而以實不足以服之則雖號令日陳

試草

于其前而民早知之矣謂彼之為是諄諄者徒欲以文告誘我也乃山
海之外無私積九一之外無横斂民且曰非賸我也亦從善也兎罝之（原本）
（往術字之雅馴）
内有干城虎賁之士皆脫劍民且曰非覌兵也將耀德也兵食之中鼓
舞存焉而文告之疑何自而生哉且民之信上也不以法而以教教不
足以動之則雖富強已甲于天下而民早窺之矣謂彼之務此汲汲者
（对比工力悉敵）
徒欲以法制繩我也乃菽水也而教孝弟豆觴也而洽比鄰民且曰是
厚生也以明倫也郊射也而飾礼樂執馘也而献泮宮民且曰是講武
（筆法緊）
也有文教也兵食之外教忽行焉而法制之疑何自而有哉藉曰信可
（轉）
緩也而民心之戴第聽其自致不知德教弗先則誅民之身而不誅民
（擲地作金石声）
之心雖分誼甚明能泯其携志乎吾未見饒俗之必無教民強國之果

（應小講而意夫發之矣二字中理盡矣）

尊與為非也藉曰信必急也而民心之得惟上之所驅不知身家未贍則貽民以危而欲予上以安雖尊親在念暇及於自靖乎（刋袁分明）吾未見興行者無所資而効忠者惟恐後也策於民信之先周乎兵食之後則政之常經具舉矣

興泉道佟夫子原評

晋江中尊劉夫子評　民之相信孚於不自知動於不能已玩之矣二字見非可以偶然強致其中正有經綸寔際文能体會此意可以登作者之堂矣

惠安中尊錢恩師評　前輩論文有題與淺三字訣斯作備矣

試草　民信之　何

業師李月階年伯評　不是兵食既足便致民信亦不是兵食以外另教民信還他三者經濟貫通之矣脉理存乎善作者之斟酌体貼也其詞采英贍尤爲内瑩外腴之文

業師范元侶評　補教化行每患蛇足聚訟所以紛紛也文云兵食之中兵食之外意該括而詞斟酌

民信之矣

江蘇張宗師月　陸　崑
鎮洋縣學一名

徵信於民而政之常經備矣夫信之者在民而所以使之信者在上也不然兵食猶足奚為哉今之經國者專事富強遂以教化為不足恃其說非也夫富於財而積儲則匱強於鬪而赴義則靡將詐諼之患起睽隔之形成反以甚足而居甚不足之勢故為政之道經其身者必及其心可由效而識其所以然也夫豈特足食足兵已哉凡民必先固其氣鉼罍鬱則詩書無色干櫓發則禮義亦狃故民生有厚德半喪于財空力詘之餘舍兵食而輕言更化反以驚遠務儒生之迂闊而民尤必令其情以資[illegible]胥上可虞

（王批：句有含蓄）（無兵食則雖信）（并議真切）（有兵食然雖信）

以力相雄則反戈可還故雖覇無遠圖卽徵於作氏寓軍之會務
兵食而不言數術恐以鬻凌敵異日之隱憂然則爲政者其必使
民信之而可積歲以計簫伍邮之義通矣三年而治兵貴賤之節
爲之矣二字取勢　信在兵食之後　禀紀刷無
謝矣民其信我乎未也譯表而游鄉校飲亦有仁義之名脫劍而
民信然自有教化在
習騶虞射亦中君臣之儀天經地義薰習於其心則民自蔑然而
一初用礼包乎在内
不忍負政所爲散天下於井牧而睽之如一家使之常則用請變
則用命者由此道也一明徵其辭易資者不求費矣流示之衜習變
信卽兵食而存
者不犯命矣民其已信乎未也卑服而卽田功九野孚仁人之恵
蒸黎而修戎事六師瞻君子之容吉凶同患衆著於其情則民自

惻然而不忍欺政所為分萬民之職業而合之如一人使之有君之尊有父之親者用此具也王政之轉移往往寓於此而致彰於彼務農講武之日若置散化為緩剛而予以身家者得其性情忠愛之志已饋粟米力役而俱輸迄今讀豳風雅諸篇黍稷惟穀則曾孫受福武功載纘而公子成裘想見先王所以移風易俗者實隱用其權於兵與食之中而人不覺王政之次第大抵成民為先親民為後勸諭數率之文亦間兵農以漸舉而施之不廹者感之益深同人之劾絡與井養師貞而並著迄今考周官周禮之遺司徒辨土會而教典集行司馬詰軍禁而儀位待叙想見先王

○此世兵食中補○信

○此○兵○之○神○

○此就兵食外補○信

○王○評○如○此○用○易○本○古○達○源○

五科考卷掛經集　論語　民信之

陸

所以尊民覲上者特重焉其意於兵與食之外而人易從之政至是乃一決言之曰民信之矣使不要諸民信而惟兵食之是務則亦急功競利僥倖于一時者耳豈唐虞三代之政哉

語語經濟斟今酌古望之秀氣成采知非蠹簡書生處處根上二句看出乃是之矣二字神理其體屢遷故參不覺複沓　視

弁江

民信之矣　錢洋　陸崐

徵信於民而政之常經備矣夫信之者在民而所以使之信者在上也不然兵食徒足奚為哉今之經國者專事富强遂以教化為不足恃其說非也夫富於財而積誠則匱强於鬭而赴義則靡將詐諼之患起睽隔之形成反以甚足而居甚不足之勢故為政之道經其身者必及其心可由效而識其所以然也夫豈特足食足（蓋兵食刑雖信）兵已哉凡民必先固其氣旣蠱蠹則詩書無色干櫓靡則禮義亦孤故民生有厚德半喪於財空力詘之餘舍兵食而輕言更化反以驚遠谷儒生之迂闊而民尤必合其情以貫相長則冒上可虞（有兵食忠雖信）

陸桂天文　論語　嘯古堂

以力相雄則反戈可懼故雜霸無遠圖即徵於作政寄軍之會務兵食而不言教術恐以嚚凌啓異日之隱憂然則為政者其必使民信之而可積歲以計諳任卹之義通矣三年而治兵貴賤之節辨矣民其信我乎未也釋耒而游鄉校飲亦有仁義之名脫劍而習騶虞射亦中君臣之義天經地義薰習於其心則民自服然而不忍負政所為散天下於井牧而聯之如一家使之常則用情變則用命者由此道也明徵其辭易貴者不求豐矣流示之禽習變者不犯命矣民其已信乎未也畢服而即田功九野孚仁人之惠鞂蓺而修戎事六師瞻君子之容吉凶同患衆著於其情則民自

（批：語任兵食而後）（批：氣味深醇）（批：信即兵食而存）

惻然而不忍擾政所為分萬民之職業而合之如一人使之有君之尊有父之親者用此具也王政之轉移往往寓於此而效彰於彼務農講武之月若置教化為緩圖而予以身家者得其性情恩愛之志已隨粟米力役而俱輸迄今讀豳風豳雅諸篇黍稷惟藝則曾孫受福武功載纘而公子成裘想見先王所以移風易俗者寔隱用其權於兵與食之中而人不覺王政之次第大抵成民為先親民為後勸諭教率之文亦聞兵農以漸舉而施之不遽者感之益深同人之効綜與井養師貞而並著迄今考周官周禮之遺司徒辨土會而教與兼行司馬詰軍禁而儀位時敘想見先王

此就兵食中講信

傳兵字之神

此就兵食外講信

却此用易左右逢原

所以導民親上者特重寓其意於兵與食之外而人易從政至是乃可使言之曰民信之矣使不要諸民信而惟兵食之是務則亦急功競利僥倖于一時者耳豈唐虞三代之政哉

鎔經意鑄偉詞腹有詩書氣自華

識得教化一層總不落三代以後議論綱中龐外氣體獨高　周紹濂

信之是效驗非即政也中後股末俱收出所以使之信之故穆然神遠深得論政本旨　陳亦韓

民信之　陸

民信之矣

江蘇張學院月課　陸崐
鎮洋縣學一名

徵信於民而政於常經備矣夫信之者在民而所以使之信者上也不然兵食徒足奚為哉今之經國者專事富強遂以教化為不足恃其說非也夫富於財而積誠則匱強於兵而赴義則靡將詐護之患起暌隔之形成反以甚足而居甚不足之勢故為政之道經其身者必及其心可由教而識其所以然也一夫嘗有足食足

句有含蓄

兵已哉一比民必先固其氣雖囂囂則詩書無色千轉靡則禮革下

無兵食潤強信

孫故民生有二患半喪於財空力詘之餘舍兵食而輕言更化

有兵食養觀信

以答遠猷　是則而民尤必令其情以質相　則胃上可眾

以外雄則所恃故襟霸無遠圖耳微於作也寄軍之會務
兵食而不言也矜恐以罷瀆啟異日之隱憂然則為政者其必
民信之而一一稽歲以計習任卹之義通矣三年而治兵貴賤之辨
信○在○兵○食○之○後○
辨矣民其信我乎未也釋耒而游鄉校飲亦有仁義之名脫劍而
習騎虞射亦中君臣之鵠天經地義薰習於其心則民自然然而
兼○味○深○醇○
不忍負茲所為澈天下於井牧而聯之如一家族之常則用情變
則用命者由此道也明徵其辭易資者不求豐矣流示之禽習變
信○即○兵○食○而○存○
者之從命矣民其已信乎未也畢服而即田功九野孚仁人之
敎除而修戎事六師聽君子之容吉凶同患衆著於其情則上自

則無而不忍欺政所為分萬民之職業而合之如一人似之有君之尊有父之親皆用此具也王政之轉移往往寓於此而牧於彼務農講武之日若置其化為縷圖而予以身家者得其性情忠愛之志已隨粟米力役而俱輸迨今讀豳風豳雅諸篇黍稷惟藝則曾孫受福武功載纘而公子成裘想見先王所以移風易俗者寬惠用其權於兵與食之中而人不覺王政之次第大抵成民為先親民為後勸諭親率之文亦間兵農以漸舉而施之不一者饑之益深同人之效絲與井養師貞而並著迨今考周官周禮遺則徒無士　教典兼行司馬詰實兼而儀位　概想見先王

文中精○信

句精神○

傳○矣○字○之○神

心與兵食外講○信

與○用○易○左○右○奉○願

所以導民觀上者特正寡其意於兵與食之外而易從一政至是乃可決言之、民信之矣使不要諸民信而惟兵食之是務則前急功覈利分炜于一時者耳豈唐虞三代之政哉

鎔經義鑄偉詞妙于細意貼切題之中邊俱到絕非以便之腹笥浪使才華

民信之矣　　熊之傑

徵信于民有以感之者矣夫為政者日求民之信而信之者誰也然而民詐無信之上日乎且古者未施信乎民而民信之何道而得斯于民也夫信也于小民之情以恩結之不信也以力服之不信也抑豈民之無良耶不信之端非自民始也乃足食足兵斯時也入務利民上懷生矣庶幾厚生而德正乎恐未免有逸居之患（從上翻入）也民未知信未宜其用也出修武備民知義矣其皆鼓舞而從乎恐未免有祈父之憂也民未知信罔盡其心也雖然民之不信豈民之咎哉草野雖愚亦欲以信事其上然而莫我肯顧何以係

本朝考卷遴中集　論語

樂郊而遷也家室未足也民不信矣君公至貴尚且以信之其下
甚而河上逍遙何以賦清人而去也我事未婣也民不信矣為政
者庶幾有以信之乎進閤闘于廊廟分椒聊矣而情貴有以而
補救化意　仍帶上說
我父兄子弟幸覩德化之成而沛我恩膏翼我家室也其徽有貳
原許從兵食齊來信用終始無極古雅
心乎其信之也乾惕無失德之愆兕觥有無疆之祝即晏安無事
敢弗以衣食為君恩也何備之有也恭法制于朝端威相雞隻而
必寔有以相孚我草野愚民幸接司徒之教而訓我以軍旅纘義
以干櫓也其敢有異志乎其信之也遷徭無承歡之暇來芑禽獮
王之氣維疆場有變罔弗以戰鬪為盡忠也何詐之有也壹信而

民即信之信猶淺也不言信而民漸信之信彌深矣民之望君如望慈父母焉敢弗以信相結也斯時也上有閭閻衣食之謀下有躋堂朋酒之慶向之計口授田以為民也而信亦效之矣民信于上信已深矣民信于上之信我信愈深矣自吾君而不用吾情惡乎用我情敢以不信相欺也異日者上有憂傷遣戍之情下有私豵獻豜之樂今之請學蒐田以求信也而民已驗之矣為政者其民信為首務哉

評信字不脫兵食便得題繫其綺麗則露餘山青紅落在林也

原評

題言民信之非言信民硬與兵食平分三項固失題旨若將信字打入兵食裡又只成得兩橛與下二者一問全不照顧也滑註中既用然後字又補出教化行三字可見民信中煞有[illegible]在特必于兵食足後始能全耳信在兵食中又在兵食外一筆能融兩意　中林草堂原評

溫雅綿密巽于世之闒茸生硬食古不化者其作法則前評盡之

民信之　熊

民無信不立

廣西沈宗師歲試
臨桂縣學一名 許蘭

信所以立民、不得輕言去矣、蓋信者德之固也、無之夫人其能立者、爲言其變、信固可言去乎、嘗思無根而固者情也、情固於中、斯體強於外、乃以情不我屬之民、而遽恃爲吾民、國家無事、居然是吾民也、試之以事、而弱不能植、始恍然著失曰中道棄予、豈知棄予之日固已久矣、如食已繼、兵而去矣、斯時所辦者死耳、而猶不懼焉者、則以信之所維持者大也、司農其告匱矣、當此室如懸磬之秋、寧克御嘉師以威福、而敎㦛以固、循將羸糧而影從、則固結之深、衆已足以奪強鄰之魄、饑寒其既竭矣、滌此家無斗筲之儲

安能延性命於草默而勸勉以貞且將易子而相食則壁壘之當　許獬
志已足以壯羸弱之神若是者所謂立也誠以有信故也而如其
無之與見有無信之民而能立焉者乎上之無以動天日之誓斯
月○夯○書○斤○霸○肺○所
志不能飾其氣而氣郎於靡靡有忠鯁之徒而念切於猜嫌一心
莫知所立追夫四郊多壘縱手亦能軍而國人解體吾知往而不
動○若○鼎○下
可其處而不可使也夫安能振臂一呼而使公家之利知無不為
下之無以結肝膽之盟斯性不能止其情而情流於潰雖有豪強
之習而心渚於背負四體不効其靈追夫四境侵陵縱外援可恃
而多士委死吾知賞之不可勸罰之不可徵也又安能泣感三軍

而使除君之惡惟力是視存亡介於須臾希荷倖以全身即不能
囊於法而事主故結志則固如磐石離志則釋若春氷人非不濡
而越人何與乎秦人力亦云強而心死更悲於身死形骸雖具精
撇○渾○得○意○之○句
爽已離嚣凌釀而成啓在在有土崩瓦解之形上下介於方寸覩
天殃之禍國即不能愚其身以全若故心聚則堅於泰山心散則
晌○羅○全○史○工○鍊○不○危
危於累卵繫之以威而靖亂即所以生亂劫之以勢而禦災適至
於速災外患未來內變洪起詐諼習以為安時時有棟折榱崩之
患蓋民心至渙信所以使之萃也然雖死傷積野而生氣猶凜凜
到○底○撇○開○而○議
於山河而民情雖合無信適以使之離也故雖智勇盈城而國脈

巳懸〻於旦夕無信之彰〻如此為政者宜何從焉

灑盡古今病痛是萬曆以後實錄政事堂中當書一通以備睿

覽 林藥嵩

兵食當不容不去之後所存者惟有此區〻之信耳如晉陽之

守沆竈産鼃民無叛意睢陽之圍糧盡援絕妓死弗去等是也

篇中推原無信之所以不可忼慨而談有倫有脊滴非老手不

辦 姚渭展

民無信　許

○○○民無信不立　惲東生

信以立民不可以去也夫民者國之本也無信則不立矣信乃所以立民者而顧可去哉且亦思國家之必不可無者果安在也平日所恃以維持之具固不一其端而要其隱結於無形者當並存之時已早有獨重之勢況兩妨之後乃不為國本之圖苦見禍變之不勝出矣去食不過至死自古皆有之矣因是而思國之所藉以守者民也不能有民雖有倉廩且委之而去因是而思國之所藉於民者立也不能立民雖有君親且棄之如遺而信可去乎去信斯無信矣而民可立乎無信斯不立矣忠愛親戴之心本民所各具之質而飢寒鋒

鏑雖出以搖之而亦何能以無移也則信實有以立之也捐軀赴難之民性情豈必其獨異而信之所積自不覺其氣之壯而義之激也非然者而鼓勵之下峭棱不敵其內志之疑而利害得以爭衡矣廉恥節義之事本民所素稟之性而困苦艱難百端以奪之而亦何能以無動也則信實有以立之也急身殉國之民才略兼必其獨殊而信中所感自不覺其柔者彊而懦者奮也非然者而悍勇之夫不勝其中心之感而趨避得以紊亂矣故民本不易立也在封疆寧靖之時而志苟未孚尚有旁皇莫矣之象所恃者勢耳而危急之秉已非威令之所得施而後無信以相持則平日之強禁於無如何者且自此裂

矣夫衆叛之朝豈獨無忠義不回之士而不能槩之民也則何如上之早為之持也且民本不難立也在俯仰宴安之日而情苟未遂反多感憤不平之思所激者氣耳而瘡痍之及始悔禍亂之不易遣而復無信以相固則一時之感動於不自知者終自此止矣夫衆散之世豈遂無休戚相共之人而不能得之民也則何如上之速為之也夫我能使民安始民能為我危我能使民存始民能為我亡其相成之理不爽也而民能為我危始我能與民俱安民能為我亡始我能與民俱存其相致之效非誣也悲哉信之不可無也

從衆叛推勘痛快剴辰

揆事勢以立言手眼特特柳河東所謂高壯廣厚詞正而理

脩真若述者之則也

民無信 惲

弗如也吾與女

俞兆曾

即諧之相懸者而聖人更有所進焉夫知二之賜求其如回也難矣然而賜于是乎益進則夫子之與賜誠有深焉者乎且吾嘗衡論羣（不貴鈎矜態而已不煩累黍）材苟非明見其材分之所存亦未有輕為許可者也獨是學者之情（思致恬盡）往往樂于見益不樂于見損故相形不遠之際有餘憾焉而深思其（張引人入勝）所以受益之基又或出于學者意計之外亦愈知材分之不可不明也如賜與回所聞同而所知乃大異吾于此將與夫知十者乎抑將（輕逸而守）與夫知二者乎惟推測之才而欲以相期于建哲入即為賜炫其知而吾必有所弗許何則以其知之不免于勞也夫任勞之與任逸誠不可同年而語也抱有涯之識而欲以求盡于無涯賜即不與回較

其知而吾亦有所不許何則以其知之未離于偏也夫得偏之與得
全誠不可相提而論也弗如也嗟乎人苟非齷齪委靡甘心暴棄即
莫不有克自振拔之思誠惡其不如人也况以英敏如賜其自勉于（旋後叢忍波瀾跌起有）
（然僅致能不貫心）
明智者我何弗一時稚魯之士方且歎息願望以爲不可及者卽回
也未嘗挾其深潛之識以與賜抗衡于窮理格物之途以爲如之則
竟如之矣而乃不禁歎然下皇然遜也夫豈無深爲賜惜者哉而我（嗇）
（筆整逸）
于此獨深有意于女也數學之間雖其砥礪同深而不能不各有所
（發問本旨正恐其畫）
慮故愚者慮聰明之未際急者慮研極之無功至于賜而吾皆不慮
（末句帶如二字耳）
乎此則其所慮者固別有在也乃一旦若盡去其所慮而可與觀精
進之功而吾幸矣則此固非吾之砥礪所能然仍取之女之自致焉

已矣切磋之事雖其漸摩有漸而不得不遠〻所期故內也期明悟之日開外也期參稽之罔斁至于賜而吾又不止期乎此則其所期者又別有存也乃一旦若達如其所期而可與造高深之域而吾尤幸矣則此又非我之漸摩所能進彷取之女之自臻焉已矣然則吾

細佳文字能矣溢筆

能無與女哉抑豈別有以與女哉夫亦惟是知十者如彼知二者如此吾亦莫爲女明而女自明之人且或爲女諱而女勿諱之而遂不禁于女乎有深契也則此意固不止于如回而已者也

神味更復悠然無不

極精細綿密中又複清疎閒遠風味在歐曾之間

弗如　俞

加我數年　一章　張　照

聖人之深於易而猶未自足於學焉夫易所以示人寡過也夫子猶待數年之功而人可不學乎且易之爲書吾夫子所奉以終身者也乃其舉動咸宜者聖之入神變化於易之內而其研極難盡者易之廣備範圍乎聖人之身故於贊易之下深有見於人之不可不學而學之不可不至也而以身示教曰吾之學易有年矣易

不易變易該盡守經達權數經大義盡此

有不易之道成能設位所以示其經易有變易之道參伍錯綜所以神其用乃今而愈知學之未易窮而無大過之難也惟學之不已則知夫八卦之中皆以明至正之矩因其不易者而固執焉終

國朝文選　上論　康熙己丑　松筠堂

切不易

始要於無咎效法識其典常斯進退存亡而不違其正六爻之動

切變易

各有一至中之則悟其變易者而時措焉觀察以會通擬議以成

化斯行止動靜而不失其中蓋未有不學易而可言無過者亦未

有不窮年於易而能盡易之微者安得加我數年乎吾不敢曰學

如是固已足也遲之數年以觀學之成雖未能神以知來知以藏

得聖人謙退口氣

往庶幾乎心之所守不大違乎我不敢曰易如是已無餘也歷之

數年以全易之用雖未能處二而多譽處五而多功庶幾乎身之

原題出相恰好

所履不甚悖乎可以無大過矣以可致者盡乎人畢其能事尚致

致於觀玩之中以未至者待乎天過此以往惟乾乾於朝夕之內

至哉易乎吾殆終身焉耳嗟吁學者而欲無大過也何莫如夫子之學易哉

原批斷二句配起精

從學易中勘出所以無大過處無一語牽合非有經學者不辨

原批

易中多言正如乾道當得大通亦必利在正固則正為重然乾之九二朱子獨以居中兼與其得正則中重於正中則無不正也文由不易變易生出中正二柱語句分貼無不清楚

陳師洛

從來作此題者拄一每致漏萬此能包括無遺於原頭上能見其所以然也題義題神無不大得帖括中具有儒者氣象。大

過卦大者過也。大謂陽也。與題意各別。坊本多誤引者。故一及之。王學舒

第十一冊　卷三十三

圭田五十畝（孟子） 嚴沆

圭田五十畝

嚴沆

詳圭田之數、分田乎制祿之外也、夫卿以下之祿、至不齊矣、而圭田則五十、為率君子不既厚乎、且制祿之與分田不同、分田則計戶授之而已、制祿則有多寡之等焉、乃亦有義起乎祿而不名為祿事、若有制而不盡為制者、此其說反與分田相類、而究不得謂非待君子之事、則卿以下之圭田是也、卿亦甚尊矣、滕之卿則所謂上大夫祿者也、固已有田八百畝矣、而言卿之用、吾亦欲尊其積疊國十之一、無以給也、卿以下有至微者矣、滕之大夫士則亦同為相去以倍者、夫固儼有田田百畝以下且、而菽莽之供、吾更欲

制文擬 孟子 棣君居 一集

為然其數屬庶士之無以祭也故明殊其等于已行之祿而復酌

其羸于未行之田則所謂圭田者皆五十畝焉君子之位不一而

此又就未祿說上

其禮考則一此周人主之所不能限者也雖三廟二廟之異其崇

以異歸同與前變換

二壇一壇之異其制亦既辨于祭之先矣而酒食之所由成要有

之所由薦則不使或殊焉卿大夫曰君之待我厚矣而必益以此

此以卿以貳以故以為以方以又以釋九十補著用意精要又見同歸于盡

是又得下士之祿之半也即有不足取之恒祿以足嘗事可矣君

予之材不同而其孝敬則同此固朝班之所不能別者也雖籩豆

之殊其數黍豚之殊其物亦既分于祭之中矣而楚茨之所以歌

曾孫之所以慶則未始或異焉彼多士曰君之祿我畀矣而又畀

以此是無異卿大夫之田之數也苟其有餘給之宗黨以佐君德可矣使其田而在于野也則收乎田家之所助也農夫勤其歲功婦子介其春酒而後知九一之藉君非引小人以自助也亦非助子大夫潔粢豐盛之具而已使其田不足而取之國中也則收乎五百畝之所賦也林苑貢稅寢廟進其馨香而後知什一之賦非君專厚賦以自封也亦以賦爾多士知養首酒之需而已自有是五十畝而縣之待君子也蓋詳

本題淺字蹊徑寔義却不過矜古博稽卑一義必恰合情事而止其補題處尤在助賦二比具見論古之識然亦即從上節發

典制文環　孟子　桂岩居　一集

議○非無原委也○先輩錢鶴灘有黿予之以鄰鄙之田○則由助法而取乎公田之入○貳與之以鄉遂之田則由貢法而取夫十夫之耕○句文似本此○然覺曲暢矣○

茈伏庵

但倚言學者予○尚恐多公家言○切定五十畝○從經制起義○無意不到○無筆不棱○然先王一視同仁之厚○即在言下矣○結體清而不離○猶見先[illegible]路○助賦二比○固本鶴灘○而補明使其田不足何○予主輔更見分○此最其斟酌苦心處○視前輩為較密也○

穎景嶽

奎田五　藏

耳目之官不　得也　王思訓

論體之大小即其官而辨之矣夫體非大於形也思則能得心豈同於耳目哉且夫鈞是人也大小之體具焉以形用則憑乎其氣以神用則準乎其理性生之莫易者奚何也人之體各有其官豈不貴各得其官也哉然而不易概也耳之官司聽而所以能聽者（即伏心字）非耳上不思聽則非禮之物將引而亂吾聽矣目之官司視而所（青其）以能明者非目上不思明則非禮之物將引而蔽吾視矣是尚得（過脉處是何等筆法物字分出）為耳同乎視聽之所交者物也耳目之交於視聽者亦物也竅其（矣字眼字）隙而乘之則中其所欲而孟覺其可親一從其類而令之則滯於所

五稿

王稿

攝而愈難以寓於聲其如引之何哉至若心之官則其體至虛淵
大家舉止

然者有以攝思之原而静存之機密一其用至靈湛然者有以極思
思宗出從耳聞機入方見切實且

之量而動著之機顯一故當其視不昧目而以心即思明以不虛其
從炙氣一片

視則明之理得而視不即於耶色當其聽不以耳而以心即思聰
有所號有所蔽附

以不負其聽則聰之理得而聽不近於淫聲不然則心有所馳也
至器能雇蔽之開

隨所出而易亂是縱慾位也目不任其事矣不然則心有所蔽也

隨所入而易溺是溺慾滅也耳不受其責矣幾何不與耳目同蔽

于物哉夫人既不能絕聞見而遺於虛無又不能錮神明而終矣

憶樓先生立其大是在大人集

評

乍看似平淡然隨題布置氣靜理醇而藏鋒斂鍔渾然不露其角自是成弘正裁何石民

理精實氣度又甚安閒非絢爛之極焉能造此平淡雖太函節節相承股股相應得刀揮水水復流全是真氣來往大家中懋正當一種莫容易看過者到山

耳目之官　於物

江南鄭宗師歲入
嘉定縣學二名　張璣

司視聽者不能思、宜其蔽於物矣。夫使耳目能思則不至蔽於物矣、曾謂以視聽為官者能之乎、且吾嘗矚觀於聰明之耳目而不慹慹然也。不思而聽不能蔽也。不思而視不能蔽也。何其官之容擇乎。豈其耳目之獨殊乎、抑知此實由乎有以制之者。要非可專求于耳目。夫曰耳目則不能無蔽也、則無惡聲惡色。本自昭然。其易辨而耳目則每受蔽。不知作哲作謀。本自惺然。其不昧而于物則蔽、錮而漸深、人將曰是其蔽於物也。殆耳目之罪乎、抑知其竅圍、昧思以致此。思心本乎虛靈之體。而耳目則塊然形骸竅

歷而已無念慮之存思必見其神明之用而耳目則蠢然運動應
感而自無精詳之望夫然而絲無蔽于物乎雖然亦問其何以必
不能思哉凡事不能並，自成形成質以來耳目即各受其職而
此所以為小體
不辭此亦如大廷有庶官焉彝是趨承各有專司而不能他及一
身官非徒具自化醇化生而后即舉常職命耳目以自効此亦如
天君之百官焉宣猷分力永為官守而不敢上侵耳目之官如是
而猶得與其思耶假令耳目而能思也則極深研幾視聽不失其
此說思則得之　講合盡發
職者外物即不能蒙冀儆效力于五官之列乃耳目而既不能思
也則冥然罔覺始以視聽擅長者繼以昏迷見紲祗堪供役于百

以下四比順遞往來一筆揮灑

體之中蓋耳目有官則一官以外不能稍越故常見其不思也亦常見其自蔽外物有蔽則外物當前不能自辨故不責其無思也而第責其曠官縱官不特耳目所掌而耳目之官獨小亦何怪其無神靈之用即蔽亦不特耳目所有而耳目之蔽猶淺豈得專咎夫冥頑之體如是而又以外物交于耳目能無引之去乎若夫心則不如是也

處處清鮮

不是人不肯思其十體原是如此歸罪耳目者于題旨殊未曾體認也此文疏解明徹得心應手筆墨間覺有靈氣飛動

在下位不　於人　截搭題

在下者猶其在上。同一無求之寔也。蓋援上則必將在上。苟在上。而復思陵下矣。已則不正而求于人。君子固如是乎。甚矣人世之相求何無盡也。（倒轉求字）不在上則在下。究之下之求上。較上之求下為甚。無他以亟欲上人者而遽得其下。因以不甘下人者而幾幸乎上。固宜枉己而不恤。此審是而己之求于人者。（以承上為串下）豈但在上而陵下已哉。（帶逆上句生）說者曰上之陵下也。非上之過也。在下位者之過也。（出本句）彼誠病夫下之人。望風承旨。競為依援。以為不有陵之無由正之也。而不知已亦與俱不正矣。且已不嘗在下位乎。已在（此乃正點在下援上一）

（賢）下位不當援上乎。吾以為下亦何樂而援上也。使上為下陵下（隨手嘅出）
之上。雖不援奚損。若使上為陵下之上。雖援奚益。者況人之視
已猶已之視人也。已在下而惡上之陵人。在上而獨不惡下之（可卽踐通）
援乎。所求于人之在上而已從而援之。所求乎已之在下而人
獨不從而陵之乎。凡此者皆未素數乎君子也。君子知夫失已（單摔一筆）
者之勢恒在下也。欲清其源。必自在下位始。可以卑而莫踰自（然依將正已句俱貫入不援上卑要一線）
可以尊而彌光也。所謂一正無不正者也。知夫狗人若之勢亦（等去所自能補幹不陵）
恒在下也。欲塞其流。必自在下位始。不以得意明其驕故。不以（變換然）
失意生其諂也。豈曰無求于彼而有求于此乎。不然。今日者以（然）

援上而巧為陵下之階與日者旋以陵下而發其援上之憤頤外之心且日相尋而靡涯也其不至于怨者幾希

于上截甲乘刑已補幹不接以下更不煩迎刃而解使人讀去竟是十三字題為一句者心靈手敏真足横絕一時○此上偏下全題也與友多聞蓋矣一側讀者從此二篇透出金針豈患鴛鴦繡不成耶

在下位

會試硃卷　丁丑科

在上位不陵下在下位不援上

位各異也宜情安上下之分乃盡上與下各安其分而並行之理得矣陵也援也非君子之所敢出也且天地上下人亦有一區置斯人

（老氣橫放）

之處大抵不在上即在下本截然而毋敢亦亢然而各有守自夫

（大雅）

人之擾擾於用也踰越之私遂有不可勝言者矣居高而不爲物抑

處其下者難矣而在上者往往倨侮焉而不自知驕格而強與之法

處其上者難矣而在下者往往私徇焉而不禁蹙形勢之途情態

下以約陵與援二者微之若太老手在上位也體統分誼之不

（氣度閑[illegible]）

可以易者雖儼然以上自居而皆循乎其節且不敢使役以遂其是非

逞己之私御以嚴威無忤物之色而又非惟[illegible]或壅而姑以是
畀[illegible]老與相市也率屬而怒於旅凡以[illegible]有體焉則不陵下也有然
君子而在下位也奉令趨事之出於職守者屹屹然以下効焉皆
達乎其分焉耳政使日供[illegible]恃似意無所緣曲將其恪恭辭不相餙
而又非謂上意之難合而故以是特立者與相抗也近光而淡於進
凡以明有守焉則不撓一也有然常人之之不能應變故彼此一易
在字活[illegible]義更通透
其局而情有不[illegible]者君子之在上在下不妨[illegible]之境皆
以學問之意持之雖易一位焉而[illegible]然不少假者在在有[illegible]副才
世之故其[illegible]無方故[illegible]動[illegible]定也[illegible]而綵[illegible]足

不援祗堪紛紛耳涉階之徐皆以持重之心[illegible]而適

然不少拘者又〻在有以相往者〻惟正厥己故能正厥位而怨尤

何有焉

本房加批

遒勁妍緊正如荊公文與空更令書同一法

在上位不陵下在下位不援上　　王朝翰

觀君子不願外之心有受範於位大焉夫陵援之心曷在乎莫非願外焉耳君子不如是所以歷上位下位而皆宜今以外感之轉移乎人也氣得憑而日盛志受制而日靡此其起念率由所在以泛極於所之而其所不治者仍自所在受之故外之為患於心無不在亦無定在夫然吾正得於此觀不願外之君子焉今夫位之有上有下者所以範人之思於至一也或上或下者所以維人之欲於不窮也而由上以俯乎下由下以承乎上則不可不善為區別矣今夫天澤分而上下之辨以昭見為使人者不然然若有餘焉見為事人者儼然若不

足焉當此氣類之相形而計慮之私未免爭營於一念抑尊卑定而上下之習又易狃上與上耦也下則如供之役焉下與下班也上則如示之梯焉際此涉歷之各異而幾微所判難順天則於而全何也則以上位者不能盡體乎下也權之所憑莫不因端而震疊況臨蒞之乎以下位者不能不望於上也分之所限無不假物為因依況為所臨蒞者乎是所謂陵者援者我也亦胥也則試以君子而在上位此可為所欲為而不嫌亢者也度長絜大之中生人所快意者此位耳而儼然在焉者亦人也寧置之則試以君子而在下位此可曲效其能而不乏褻者也奉令承教之下生人所市意者此位耳而適

然在焉君子亦人也寧淡之而要有異焉以名位不期驕所以訓厲
夫上者爲至耳亦以陵下聞則亦黜於消位者矣即不恤夫下寧不
愛吾位乎仰望所歸可以擎吾心未可以行吾意也而馭以道不以
勢思不出位所以範圍乎下者祇此耳而以援上聞則出位之思彌
甚矣即不見拒於上寧不有忝於位乎地望相懸可以明吾節未可
以締吾緣也而接以禮不以情葢位無定在非執一格以自全心有
定閑自可更端而不擾夫然後嘆君子善於處上下之交也而所以
處者已也外求乎哉
本房加批

作累棋格而不零碎鎖束有法平中造奇

在下位不　一段　　方　晉

位卑者得主無由有聞之者也夫位而曰下勢與上隔矣民即治
其如聞之者何況不可得而治也故以信之者杜之也嘗莫夫人
人臣之被謗而無以自明於君者以為其遇蹶焉而不知實疑之
者多沮之者衆權寄撓故也此即親貴猶難之剝蹂賤而在下位
乎天望君王之色不審帝天此在下位者之勢也然從遜造而升
亦懷膏雨此在下位者之情也獨是情欲緣分而伸勢每因人而
隔何以縮半通有為之薦剡者有為之論定者何以學主志雖一
命也必有人焉為之先容雖散秩也必有人焉為之汲术則致上

應繩錄選

遊主眷因以下順與情毋亦藉有朋友故耶雖然吾正為在下位（業力）

者危之卭須我友規利涉者固幸有同心畏我友朋辭卑乘者又

愬然懼罪豈非以此一位也有朋友而共功名旋有因朋友而覆（治民說起）

禍患者乎政事埤遺固無論也乃往往事功競志讒謗交傷居近（宵雅怨誹之音）

位者至要之神聽而望正直之是與此亦掣肘之甚者也民獲上

壅彼弗恤也乃往往安樂可娛中道棄置為之友者至爾汝頻刺

而憶恐懼於當年此亦觖望之極者也噫夫此朋友也薦引固無

期而秉心維忍不難指忠而為佞是使吾呼籲同於萬里者必此

人也協恭豈敢與而言談聿招直欲轉功而為罪是使吾無字困

中庸

於無策者必此人也事則中制陽舉之陰毀之聖世有孤臣上罔矣可奈何政則下侵名與之實奪之寸績莫克展民怨矣可奈何欲獲上無道以獲乎上矣又奚怪乎民不可得而治耶皆不信於友故也夫不信之害至於如此乃即盛礼說以謝之戒同僚以遠之猶以為薄也若之何欲求其信也哉然信之云者則匪之比亦惟身有令名家無慚德使無可間以間吾而已然而讒之說即在乎此也

晉節慷慨如聞桓伊之笛不覺為之流涕予真有心人也　原評

前後絕交論無此激切豈有所感而然乎然詩三百篇史二千

慮繩錄選
一部憂讒畏譏之君子。大較如此。夫窮則呼天。疾痛則呼父母。此直自作靈均。誹如痛飲。讀離騷。亦可成一名士也。○雖蹀蹀磊磊。借流試看治民獲上信友有一遺漏牽纏處否。不如此未許作變格文字。

在下位　方

在上位不陵下在下位不援上　李宜蕃

於位而別所在惟反乎願外所必至焉夫位至上下別矣知陵援之為願外事也則反是而所以在其位者不從可識乎且素位云者定所在也至兼乎外而有以願則非舉其位之所對者不足以核之而核之又非必盡遺其位以內也但就夫對之而必至之情以徵其必不然之力而位以所在而定非泛也又以隨在而定非拘也今夫方位而上下列焉外自隨乎其位也有位而在上在下分焉外即對乎在上之消息適來之數何常本無預於身之軒輊任納之何所惟此然自分為境中之人物交之感不一要總為我之所虛則慎其所持

詎紛然攻役于身外之境而何以有陵[illegible]者孰非厭外之

○頗○入○

心之不能自勝者乎在上在下[illegible]可[illegible]此而不知其非正可[illegible]

○不○字○深○隱

而特徵其異上與下之不能離也豈假以陵[illegible]其而長其傲則上自

○何○須○盡

有所以位乎上者無如心之易分於下也往來酬酢之間所不能但

○有○測 ○頃○

之於儕伍而獨行之惟我意而無難此即先[illegible]下之見存焉矣夫陵

○宕○得○味○深○長

而上不益尊不陵而下[illegible]散[illegible]人自多此一念許君子抱匹夫勝予

○按○吾○已○是○下○字○根○源

之懼視天下無一可[illegible]之人不陵者并非緣下走而即於下見者也

○不○字○補○其○手○便○妙

舉人世馭下之擾適足彰君子居上之安而雍雍者平其氣肅肅者

○入○吾○講

慎其儀俱[illegible]詳而及是誠[illegible]在上位者而已矣下與上之不

能離也豈卑〻援〻之巧而畢其能卑下自有所以位乎下者無如心
見道之言
之易分於上也言動晉接之常亦何所遇須乎依附而獨援之中人
意而如榮此即先有上之見存焉矣夫援而上〻盡可恃不援而下
不盡可危人自不知所耳元子矣若將終身之懷視吾身無所藉
語簡而居要
援之處不援者并非緣上起而御於上著者也舉世情干上之勞適
足顯君子處下之重而服勤之不辭瘁盡禮之有必恭俱可以想[illegible]
知是誠如乎在下位者而已矣蓋位無中立之地可居故緣所在而
吸神強
閑於[illegible]而非以勞謙昭盛位之[illegible][illegible]矯節矜下士之介位如一
取之見可執故隨所在而變無力而陵援者信其身無一誤[illegible]存

會試 世科

況其中有常操何也惟正己也他無所求不願之句乎所乎

本房加批

中庸論道之書何暇從陵援過形猥瑣實二不字領取不顯外

神理鍊冶之後自著精神

在上位不陵下在下位不援上　李應龍

以出位為戒願外之心息矣夫陵援皆出于位以為願者也君子之所在不然願外之心不歷上位下位而俱息乎且君子日與物接而舉不足以相累者惟其感有以靜之而使寔于其意也豈無境地擾我神明而中藏之機既息則弊之相因而見者不難隨所涉而悉泯（檃括）其根株則不願外之說可明證也人生本淡然耳無端而有親我于下者無端而有加我于上者天若故設此岐途以歷試我淡定之素（遠神風韻）將何以于彼于此而免夫憧擾也我心亦寂然耳忽焉有上而不安於上者忽焉有下而不安於下者世又多狃其故態以因任于緣感

之交夫孰能容感形感而靜厥紛紜也夫在上位下其外也而願之
斯陵之矣在下位上其外也而願之斯援之矣嗟乎高必思危不在
頓挫沈鬱
大亦不在明而貴倨之習偏以對襯而不自制卑豈可踰內既重外
亦可輕而依附之情偏以相引而倍可歆惟君子不然可陵可援之
而義贈伏正已在內眼高手順
事來于前我乃從後而爲之制此常不及之勢也君子有歷上下而
争於其先者矣性情自謐復以所在不越者力卻乎紛華而有主者
於以退聽也不然雖力拒乎形迹之間而有揮之不去者矣為陵為
援之情伏于中我乃從外而為之防此又難必之數也君子有合上
下而爭于其內者矣涵養自覆文以防在內省者慎辨其幾微而內

仟衣於以不浮也不然雖强紛之範圍之中而有殉而思誅者亦益

精力團結

見其大而心泰則位內之游思俱青與一聽夫適然之位置而

大行何加窮居何損遂覺精神意術方有在而不假其他矣夫一而

不二則位外之紛乘無緣陵與援悉絕其浮動之物累而一夫可罹

十畝可樂遂覺徃来朋從接乎前而不入吾舍此真君子也而不願

乎外又未始不求諸已也

本房加批

識踞題上領取神理目不屑作膚音

在上位　無怨　沈斐然

上下交盡其分。陵援絶而怨自泯焉。蓋怨之生由於不能正已而求人也。不陵不援。則盡乎上下之分矣。而又何怨哉。嘗思天下之在外者。皆其在人者也。天下之有願乎外者。皆其有求于人者也。故或挾其勢以相求。或屈其志以相求。求之而遂其願。利欲之私擾焉。求之而不遂其願。不平之憾生焉。則甚矣願外之爲患大也。吾思君子之無入不得。以其素位而行也。素位則無歉乎位也。即無求於位外。然且人位亦何常之有。位爲已之位。則當盡其在已之位。爲人之位。則當聽其在人。盡其在已。已之心無不慊。聽其在人己之心更無不慊則試觀其在上位已而在上固有在上之分焉不盡其在上之分而祇知求乎下是即所謂陵下更試觀其在下位已而在下固有在下之分焉不盡其在下之分而祇知求乎上是即所謂援上矣陵下而不勝乎下則怨生於陵者有矣援上而不獲乎上則怨生於援者有矣吾觀古今來居公輔者不能端表率之原而以勢相逃為像佐者不能供順承之職而以私相從甚至鼎折覆餗轉咎下位之無才負乘致戎轉謂上人之不恤其怨也即其陵與援也即其不能正己而求於人也而不願外之君子何如哉道義素裕于居恒末俗之營私不得擾天懷之淡定

而名分自繩于當境立朝之大節即可見克治之全功故時而在上位也既無所求於下即無所陵于下而為上之已正焉以平邦國正其率屬之已以著和衷正其同寅之已而又將之以恕惠之以仁被自盡其為上之道不責人以為下之道也居高者危矣若君子之惕然无欲窮有官謗之遄哉時而在下位也既無所求于上即無所援于上而為下之已正焉大事從長正其恭令之已小事專達正其盡職之已而又忠之以敬守之以義被而盡其為下之道不責人以為上之道也僥冀者屈矣若君子之塌然自適何有卑賤之傷哉凡此皆不願外之一念為之也世之逐逐者曷不

奉教于君子者

理脉清晰故無危言

正已不求即在不陵不援怨即生於陵援看題一片行文自有

天骨開張之致 蘊山

在上位 沈

殷之族 定四 胸心花心繁心鈞心樂心餓心姓蔡心

在上位不陵下在下位不援上　林衡瑞

心以所在為防而上與下見矣夫上下不能不相與也如陵援何准以不如足者為幾而位乃適如乎其所在只付不人而位隨之其相精悍形莫者於相懸而至妄每生於至切勢不能離之以處於獨也究不可緣之以流於紛善安於位者正即動而相連之境以脫其止而不踰之閑卑亢有節而願外之累絕焉夫外者從乎位而見也而不願何如者人心之不齊也欲取畏於人而欲取親於人焉過之恆窮於守之有齊汁耦居而無兩效見從物起而欲各中於所當夫固有寄之者也故陵者惟下援者惟上人心之不齊也籌之而取畏焉籌之而取親焉濟

情恒苦於虛懸而無自施違與時際而籌之得其所憑夫固有試之
者也故陵位乎上援位乎下人心之無窮也期如所畏亦已焉期知
所親未已焉心計恒患於偏至而有所竭統計所歷更期可詢於攷
方夫固有隨之者也故陵既在上援又在下不可外者於此將盡而
分之上下兩不相涉則然屬有定制勢既有不能行將過而矯之上
下曲以相體則愈慮所交營情乃無以相愈無已仍就陵與援而參
覩其心之竣功歟也曰不陵不援悉止已乎輕易之所及無
餘意而陵寔制有時假分誼當然無非張其威而使之服詁
子無制服乎下之心上持大體爲過故猛其所以之所對

亦故習而援寔藉之所有時急職分之宜効奔走於其意[illegible]之梯

君子無仰藉乎上之心而在下守常度焉非僅謂事會無常必逐境

按下正上比各句上

而以不可踰者為閑惟肅然敬吾位耳亦鳴謙矣豈矯節與總適得

其本志之安非僅謂升沉異致必當境而以在其躬者為斷彌皇然

本西六重各句下三六

慎吾位耳即奉德威也非同升也總非其所經心之處正己無求斯

之謂不願外之君子

本房加批

先偏後伍步伐一新陵援全從下文求字領意獨見精切鈍根人

枉讀過去

在上位不陵下在下位不援、　門鐘

不願外之學、於在上在下見焉、夫上下相對而成位、外即因位見焉、於陵援絕所願耳、豈離乎下與上哉、且素位之學以外為防、夫外非必踰其位以泛極於不可知之域也、位有定、外亦有定、惟有定而願得所引而馳、不願亦得所指而止、故願不可不慎、而外自未嘗離夫然、而乃可以在上位、乃可以在下位、必謂位為虛器、而適以上下聚思、人原盡在可上在下之中、是其視位甚泛也、而外之閑亦不嚴、君子則實有以持之矣、謂位為止境、而執以在上在下聚焉、人各守其一上一下之界、是其視位甚拘也、而外之至必立勢、君子則實有以

○出○落○鄉○以○神○行

維之此豈懷陵下援上之心者所能測識哉蓋日與下上處而自有

其不[illegible]者陵不陵乎時若無以見之在上位焉輒見不能忘其勢并

○羣○言○消○歸

欲下之不忘而大體以成矣君子敬吾位風裁自可憚也而風裁之外

○何○處

無加乎接不援乎時若無以見也在下位焉輒見不覺動於中并使

上之亦動而名節盡矣君子慎吾位恪共自不懈也而恪恭之外無

○二○比○暢

加乎甚矣位與外之交養而互發者誠無在而不宜勉之人生大異

○發○明○錯○落○可○掇○飛○天○仙○人

於人之處原非別有自置之途離羣而矜其絕陵援者處之而後不

陵援者處之而安豈但[illegible]與人同[illegible]一之外亦豈[illegible]繞屬而不與接

焉形得而接之神不得而乘之[illegible]何歷[illegible]所在[illegible]信其有[illegible]

之全者也人生為累於心之處非遠有所役之苦越常而求其畔陵援者縱之不留餘地不陵援者矯之不遺餘力豈但位不遠人即位之外亦孰非對待而與為偕哉跡得而偕之心不得而狃之此固
精透
可造於所在而切究乎不願外之數者也試進而推之

本房加批

此衡山道士所謂不鮮世俗書者然何嘗非題所自有明眼拾取遂臻斯境

○○在下位　一節　周鍾

推君子之用世求于身而後書焉蓋以一身歷乎君民親友之間寧之不誠人誰許我故由治民以推至明善而條之道始全也且治天下國家之事非獨人君之任也則將與凡爲人臣者共圖之故人雖未用于世不可不先求所以爲臣之道而其間條序所貫均有根本之地焉一審因緣之道而求之夫人不能離事自全則莫不欲得一職之任以自效于特而小臣不獲君相之知則上下閒阻而功罪易于混淆且大臣得以操小臣之柄則委任不專而事權易于旁撓故凡居下位者其所爲極難耳惟使上之人咸諒其志之無他而期其治之有濟則可以從容

落非世人巧非道之所能

○此○句○便○老○壽

周介生稿　中庸

展布于民利興而害革法立而政行也吾觀古昔盛時其君臣之際而

看他講發上句聯絡轉換

含入不測其妙雙言

以朋友之道通之申以誥言錫以宴好故下臣之情無不可白于上而總道隆且朋友之際而御以君臣之道求之舉士于鄉選賢于里欲令羇旅知無不薦于上而人才盛雖然其所交者亦必得行誼醇樸之士以敦教化而奬風俗故匹夫有善可得而舉乎使親之不順則孝行無聞亦焉觀其所爲賢者乎乃順親則人有道矣人未有不先敬其身

千事親處貫穿前後極盡提掇之法

而能嚴父親母者也故居官忠處友信咸所以廣其孝親之端而無苟言無苟動乃所爲致嚴于立身之本則不能以不誠之身自欺其親人

隨舉隨跌隨落如江水之出峽

安欲以不明之善自欺其學也哉惟念一動而即審其幾達乎至是之

疏解明善

塗而積漸充之以至于極事來形而於幾且審察乎至正之理而有諸
省之以歸于純則性明而善復善復而身誠由是而事親則親樂乎其
為子矣由是而與友則友樂乎其為交矣由是而事君則君樂乎其為
臣矣由是而治民則民樂乎其為上矣蓋所明者存于一心之際幾微
不亂而其後則天下國家之事惟吾所操縱而咸宜則必有志于治道
者其學可不先豫于此哉

前一股緣字之意亦見

治民獲上信友順親明善誠身層次説來件件皆不可不素定而題
意歸重則在明善以誠身錯綜轉換曲盡變化之妙機杼特異微嫌
指重首段非大家體格耳　錢青臣

周介生稿　中庸

在上位不陵下　尤人　　周思兼

君子無非分之求於天下、故無弗遂之憂於天下、夫有非分之求、此怨尤之私、所自起者、君子無求於天下、而又何所怨哉、何以言之、今夫天下之人、惟弗勝其外慕之情也、故以己而騎天下、亦以己而附天下。此其處上下之間、莫能制其情。而相怨相尤之風、所以不可戢也。君子居天下之高位、安於其為高也。故擴其公於下、而不以陵心加於下。君子居天下之卑位、安於其為卑也。故大其公於上、而不以援心加其上。夫其不以陵心加其下、而又不以援心加其上也、則君子之心、亦惟求其所以正我之為上、正我之為下、以盡其自修之常。而無所求於下之事我、上之使我、以徼於非望之福。此其安於分之所及而無望於分之所不及從乎已之所當求而無望於人之所不當求將絕乎儌倖之心而不勝其自得也而又何所怨以自累於天下也哉故其樂天知命而不以困窮之累怨乎天實上數仁而不以折虀之思尤乎人者斯固君子之常而無求之心實使之也使其有所求於天下必有所怨於天下而怨天尤人之累君子亦烏能以自免哉

（怨字照對自得）

正己而不求人點醒在上不陵在下不援不怨不尤照帶無怨皆是巾足文意絕不費絲毫層折只於不求無怨處轉得分明則不願外之理心迹俱合矣不求又根行素來無怨又根自得來曠莽中俱極細密

健及後卷

奇書錦題

在下位不援上

吳國華

主節於下而中庸始有氣矣夫自偽中庸之說勝而士節不立君子耻之故以不援明吾素焉今夫中庸之名既降於柔順而為下不信之說又便于小人夫是以窮約之中號呼望救庶僚之内声焰相趨居下援上恬然其若素也君子思不出其位而敢援乎哉且夫下之獲上以得官也人之得官以行道也道未必可行而先喪所守官亦必有盡而徒黜其節若是則奚取焉上援我而我固而援之則有知己之感上不援我而我強欲援之則有挾劍之辱其寠知己之累人更深于挾劍君子不欲輕受恩於人也我為上而援其下焉則有嗟來之倨我為下而援其上焉則有將伯之急其寠他日之嗟來即始於將伯君子不忍丐于人

傲甚　激甚

翻此遂如戲眉

潔乎潔乎

以驕人也況人能引我於上則亦能擠我于下當途之所貴當途能賤之人世亦至無常矣吾安吾下終不以天子顧問宰相溫言而少貶其生乎況人能使我居下不能使我無往處下位之時有下位之事自治（真寔學問人語）方憂不遑矣吾盡吾位又豈以強或在南強或在北而撓之于中主哉所以中庸之貌甚夷而其神甚峻潛龍勿用乾之學問確矣君子之節極厲而其氣極恬天在山中遯之性命寬矣破曲學之阿而明吾道之正其惟行下位之素乎

文章妙天下風節高天下使人可敬使人可思　房評

說出一生主品得力處皆透徹之論　吳雨來

在下位不援上

江蘇劉宗師歲覆
鎮洋縣學一名 高賓

無援上之心素乎下者也夫上者下之外援者下之願不援而願外之心絕矣是謂素乎下者闇之莫為之前雖羨弗彰士君子懷抱利器溫溫無所試非得一二相知為之推挽文采其曷表見哉然推挽之念矢諸上則為公而存諸下則為妄所以古今來有獲上之察案而無要君之賢聖也寔第在上位不陵下已哉蓋大人之學同見亦可潛而端人之心不賣亦不諂試更言在下位者德可寅亮天地而概棘之班不獲以身厠辱在泥塗顧影亦且自疑然之秉而慷當以慨遂不甘為尺蠖之屈知九遷三擢非特同列

搭接
之游揚而有力當前聊試嗚號於仰首才非保障藩維而民社之
責倖得以身膺承乏下吏清夜亦覺懷慚慚之甚而敞罔靡徙且
擢點淚華
必欲為狡兔之營知加膝墜淵惟藉當途之卵翼而官情未淡不
惜搖尾以乞憐於是援上之心以起而援上之術以工一其或少年
材子厚
踔厲勇於有為思沐餘光以立就其功業因之不自貴重而權門
形容盡致若出真堪汗浹
亦可入邪黨亦可依甜儁傑廉隅之才以為席寵邀榮之計縱異
貞其婁
日詞連阿黨貶謫於加未嘗不追悔其愚而失身之玷已一辮而
揚子雲
無可償其或蹉年踩實鬱不得志與附青雲以一顯其文章閣之
不加珍惜而符命亦可作諂媚亦可獻泛之隨易伏蕩無之業以為媒

在上位不陵下　四句　張永祥

隨所在而願又紛陵與援胥泯也蓋位以所在而異而陵與援因之
自非君子孰能歷上下而無外之願哉且人惟泊乎寡營以峻其防
斯凝然有主以安所處境莫切於對待之觀患莫甚於浮情之動吾
不解心之失所檢者何逐逐焉而莫知止也則曷即不願外之君子
清音幽韻
以徵之於所在統初終爲閱歷無幾何而遞易其方顧紛而莫紀者
皆其變而不離者也崇卑自區於所遇貞其素而神凝憑境地爲推
尋約一生而數更焉向顧溝接於外者皆其範圍乎內者也使事自
審於所施鎮其天而守之而顧何以有所謂陵者也所謂援者也陵

自下受援惟上投而陵之援之者亦在乎曰在上位曰在下位氣勝（峭絶）

（天資卓立有[illegible]）

未能得下勢必猝發而莫之持況赫赫乎地更得所憑也君子之養

其氣者粹矣雖不以姁姁息失馭要何至震懾假威福之權下卬樂效（語簡意長）

趨承上自安於恬靜蓋望隆而有餘詘矣氣餒不足自衛情又過望

而若相須況靡靡焉分更爲所屬也君子之厲其氣者至矣雖不以

乖忤違時要何至迎合啓希榮之路上即盛著嚴威下自厲其風節（醒絶）

蓋循分而有常恭矣然則所謂陵者援者必不然矣必不然矣人生（琢玉之先白凝）

之涉歷何常常即所在而我思必餒其畔故一接之昭矩度之存一

醻對增廉恥之重位無定以生而定焉以知並行不悖而上下[illegible]

不常經徧詣之操持未善惟隨所在而軼志各絕其彖故以典常止
上之體得以性而止上下之守仰位所宜以石而宜之以知易地皆然
而上下之交有全力凡此皆君子之不願乎外也而要自正己始

本房加批

文明以健力果心精矯矯亭亭何屑辭費

在上位不陵　三節

張景崧

隨在而自盡焉身以外無他求也夫上下之位已在焉即已之身在焉反而求之君子所以異於小人哉從來小人惟知有人君子惟知（破的）有己非君子之故爲境境也任所處之境要以己之身歷乎其間（樸而有字貴者）以盡其所當爲不必求於身之外者能無失乎蓋君子之身上下無定位也方其在上視下焉者皆人也方其在下視上焉者亦人也在吾位之外者也豈其不求諸身而求諸人而侵官之過干謁之私紛然於上下之間哉上之位已實在焉反諸己而不能無愧於爲上不正孰甚焉則惟正吾在上之（緊密）己而已矣而何求於下下之位已實在

焉反諸己而不能無慚於爲下不正孰甚焉則惟正吾在下之己而已矣而又何求於上乎君子所以身處天人之間而怨尤胥泯有失也苟非然者易莫易於正己而不居矣險莫險於求人而竟行矣命不可知而闇度者不能一日俟矣幸不可必而強爲者且以有意徼矣自棄其坦境之途而身入於危殆之境明知爲至無常之數而身試於不可知之端此小人之身日積於失而不知反求者君子豈然哉且夫身之所在非必有得而無失也即其身在下位亦或猜忌利乘怨咨交起一身有不能自約於下之時而君子曰此吾身之失也則亦即身之所以失於下者而反求於上身在下位亦或忠而獲

結言告下 即掌字即號於中節

謗信而見疑一身有不能求諒於上之日而君子曰此其失在身也則亦即身之所以失於上者而反求於下孔子觀於射者正鵠之失有似乎君子之失諸上下也反身之求有似乎君子之不陵不援而惟己是正也乃知求諸人者愈求而愈失雖處天下至安之位而險過於氷淵求諸身者愈求而愈正雖處天下至危之位而易同於涀履其斯為素位不願外之君子哉

收局簡緊

績密清堅運前賢之程度而化其迹

在上位不陵下在下位不援上 一

靳文遠

即上下以驗所在惟君子得所上焉盡自有陵援上下皆出於外焉而不知止惟君子異是所在何若是嚴乎且以之出入而莫可知也即知所在矣苟非位之所在終拙于外而出乎下而滋其攀更極之變身遂無在非虛位焉此回其公之不善者也亦足見位外者參差不齊之易以誤人而不可不慎其所在矣在上之而但與上位居崇高之象習焉而忘盛氣或亦銷融于無跡此不省制防之力也而周行不能則甚矣下之有以長其大也而卑卑者觕日環之膚非影心之一地歟夫藉所憑之厚助輙牽其於胝于[illegible]有養諒不[illegible][illegible]

不以名分所在當之有不容於此亦下之□□□□所應然見而下所宜妄即為上位所不及檢執作正十目下者致之也業在上位之過為計者惟下乎君子於此昭器量焉夫於□也大之在職分脩發之間細之在儀度進退之□□襲其略而遺者或舉其詳而亦漏但於陵一叅觀焉而陵所不至無非位所宜至可□已卓立人羣之上詎徒市馭下之有容也而□馴嘻視之尊嚴所書以不陵替也哉在下位而但與下位處等夷之內略不經心奢望或□偶發於無自詎不留寧謐之天也而則有不能者甚矣上之有以動其欲也□巍巍者終日旋之於又驗心之一地欲夫□所斯之□迎合□□其長下消

會試硃卷　丁丑科

克自立諒不至此第以體訓所在高之有不能升此丁上一之憾乎其（體物）情所易有見爲上所可原即於下位所不能已孰非亟圖之上者致（喫緊之言此）之也業在下位矣亟爲圖者惟上乎君子於此衹持焉其於上也微之任神志酬應之幾之之在形聲往復之跡隨舉而皆是者或悉舉而難該但於援一反稽焉（實從不字發來）而援所不事無非位所有事可知已俯綴微班之下詎徒示事之一之自全也而夙夜在公之矩度何嘗以不（兩平後另生點綴以取生動之法）援戾也哉在乾之上九曰貴而無位高而無民之悔也（又結法）坤之六三曰含章可貞言貞之吉也人不肯爲下之交即何得昧昧於此而於外致其嚴適於所在完其分所在爲之帶人勿自有已也亦爾

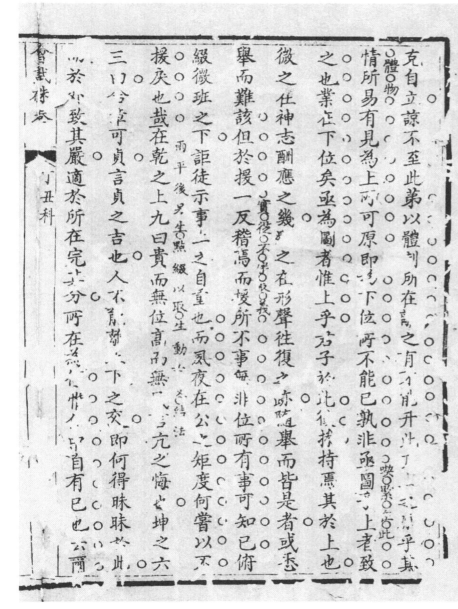

會試硃卷

丁丑科

本房加批

生香神會自無凡聲

〇〇在上位不　二節

董其昌

君子無妄慕而獨得夫安命之道矣夫正己以外莫非命也自非君子而能居易以俟之也哉嘗謂聖賢不能違天而天亦不能違吾正直乎易之理故守常者必達於命者也君子何以不願外哉蓋君子者行乎其素者也在上在下吾之位容有不如吾意之時而不陵不援吾之心無有不如吾位之願此非故制之也天下惟在己者爲可必而君子正之矣天下惟在人者爲不可強而君子聽之矣既無貪求即無得失既無得失即無怨尤是合天人而皆吾自得之境也而位外之願奚有耶吾以是而知君子之居易矣吾以是而知君子之

〇易〇字〇括〇兩〇節　〇上〇字〇　〇提〇出〇君〇

〇予〇會〇串〇兩〇節〇又〇補素位一〇筆以對下居易　〇對〇下〇居〇易〇

顧云融過小人句竟串接
俟命矣吾以是而知君子之異於小人矣彼其心誠囗行於位之内
君子　明語易與命對說　二股承講
雖逆境亦坦途也出於位之外雖人事亦天命也經綸可以回氣化
而休休焉惟宅心於易簡以順其適來適去之常、力量可以勝造物
二股交
而循循焉惟直身於平夷以任其欲定未定之數、何也天能以得失
互說　續正己以處居易　帶小人行
之權制我而至於安時履順則正己者之所當有事也由是則行險
波瀾妙　縮不亢怨尤
而有弗為也吾能以居易之理自處而至於趨吉避凶則怨尤者之
以跪俟命　應中間
所無奈何也由是則徼倖而有弗為也蓋君子小人之分也哉蓋信
心者無窮通命非君子所計而順天者無忻戚則命亦君子之所不
廢矣至於命即為道、而道不亦費哉

評

小人句亦屬閒中間融滙後比偏帶收則此句正是波瀾有常在上位節章句分屬不願外居易則以素位言俟命則以不願外言令以此兩節命題安頓殊為費手此文起講下補出素位一筆而以正己配下居易蓋在上位節雖應照註分屬而正己句內原有素位而行意也至上下之不陵援天人之不怨尤則皆屬之俟命看題極其明徹其行文又能隨題位置不事淆亂自是合作

在上位　董

在上位不陵下在下位不援上　　樓克興

觀不願外於上下有各安乎其位者焉夫陵援已不安乎位矣所在
不然上位下位何願外之有且君子之不願外者要不離其位而見
也位有定在必以有定者循其分而無所渝位無定在必以無定者
盡其宜而無所濫地本相懸而其兩不相謀者總各安乎其素而絕
無餘慕則不願可得言矣境地之殊觀而性情見焉非必止於符則
隨感以馳之徒滋其擾矣惟不願外者當境而神明常定對待之相
形而行誼著焉非止得其所則徑情以徃之為變無方矣惟不願外
者觸處而放逸不生則試假其位於在上在下而驗其行於不陵不

實非不守而義

援竊見君子有順而導之之功焉有逆而制之之力焉凡人之騖於外者以昧其初心而不知省也為陵為援在上在下者每任意而不

二比淨乎方裁家法

禁以為心之所安在是而不知心之所安初不在是也今試易上而為下有不識上之陵者乎易下而為上有不鄙下之援者乎對境以相忝初心恍然其可識君子則因而順導焉不敢以位外者汩之而上焉而上下焉而下陵援雖欲稍萌其端倪而不能且人之騖於外者又以溺於浮情而不知撿也為陵為援在上在下者無相習而不覺以為情之所便無可如何而不知情之所流終不如之何也試思在上而陵易而在下有不援上者乎在下而援易而在上有不陵下

者乎遷變而無窮浮情將伊於胡底君子則矯而逆制焉不以位外
者奪之而上奚以喜下奚以要上下即欲少溢其心思而不得故分
上下而專計之灰每以嫌而滋各有其外即各緣所在以為引而不
得其位之所止誠覈而驗之則善氣迎人動無尤悔丰裁自飭章以
含貞合上下而兼計之道非以偏而盡時有所在即時有其外以為
餘義自發揆
辨而未嘗限於位之所難故會而通之以禮接下豫絕依附之緣以
道上交早知暴慢之遠觀於正己不求而怨尤胥泯則君子之不願
外者不益見其素位之功哉

本房加批

反正見意正復何須兩筆橫空立論題義盡透具大法力

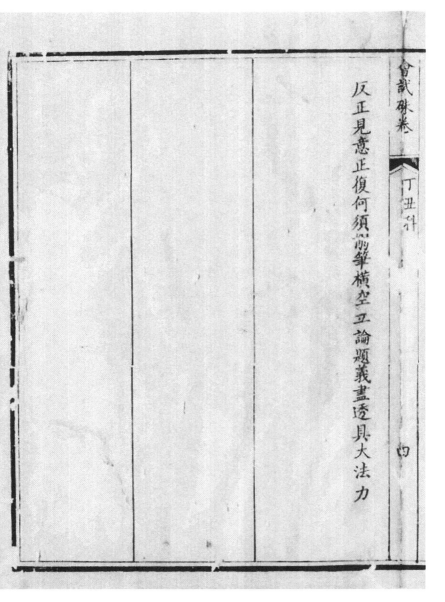

在上位不陵下　四句　戴承蒼

上與下無軼思位之所範者然也夫上下非能不相與也而陵援則已願乎外矣君子不然位不隨在而相安乎令使為素位之學者徒寂守其心曰吾無所願於外已耳是惡知外為何境外之願為何象乎夫天下無離乎外而有所在之位即無拘守其所在而即為無位外之願者正維日與外接而願者自狃於必至之情不願者自徵其必不然之力夫是以貴焉蓋外者對乎位而言也無外將所謂位者塊然而處於獨乎必不能也故在上在下皆位也而願外非下上之足患惟所謂陵下援上者是也不願者斷斷其不如是何則理每奪

妙義獨抽此中菁華發許

於所弗覺陵與援者則固奪之見端也夫天理日在人心詎必遽踰分以自恣哉而無如可陵可援者自外而迎陵之援之者已自中而出也是惟常捺乎理之勝者於位立其防而遂與為拒弗得與為迎焉故無盛氣之相傾無屈志之相就所為歷上位下位而有定守者此也欲恒溺於所甚便陵與援者則又溺之之具也夫私欲即汩於後起豈必竟越畔以相逐哉而無如易陵易援者由外而召必陵必援者遂由內而授也是惟常期乎欲之盡者於位峻其閑而遂與為

不乎精求

絕弗得與為召焉故未嘗作威以相制未嘗枉已以相緣所為統上位下位而有全力者此也且夫陵則所施々孛非共援者之順以相

狥則受難處矣然此猶其後焉者而軼志之横行已為位中之所必飭援則非道是干非若陵者之揮斥由我則說難必矣然此猶其末焉者而妄念之希合已為位中之所必嚴由是觀之凛出位之切戒惟蔑禮棄義為先推所在之寔功非忘勢守分而止叅陵援以互勘

適身皆污一語歸六

由上下而類推君子所以貞乎不願外之常而足窮其變者孰非以正己端其本哉

本房加批

神清骨冷無由俗是其格勝而言中有物尤以理勝

在上位不陵下在下位不援上　龔孔傳

志以位寧隨所在而外無援也夫陵援皆役於外而無以寧其志者也曾亦思厥位何在而援援若斯耶且君子之學期於自得因隨所在而皆安矣顧位有崇卑氣有盈歉則操縱常不自我而皆自外夫在外者若因所在為緣在我者惟憑所在為制於是位中必至之情狀往往息矣今夫素位之說蓋就所在者而言之也所謂不願外者亦就所不在而謹之也夫有所在即有所不在而所不在者即外則位與外幾若互藏行學者正不容並念是可以即上位下位兩途而大為之坊夫迭乘而至焉者我往之寄托時伸時屈適然者亦可

簡當

一視於太虛詎必拘其方以規規焉而止然紛出而莫窮者浮游之
意境於彼於此截然者還當問分數於當體步衍委其心以役役焉
而上之蓋上與下不相假者位也陵與援所容移者願也而既有所在
即殉有所不可一物之相因未有不於其相類也上與下其等列固迥
不類哉然權有所統分有所承雖不相類要各以類聚焉而陵援遂
若隱為招也君子嚴為之别舉為上為下兩絶其相因之緣而氣之
浮動者罔不於息志寧神中攝也彼者謙光而維廉恥特其數及者
斗物之相乘未有不於其相聯也上與下其濶絶亦豈必聯哉然使
令及之趨奉逮之雖不必竢要各有所獨而陵援遂若默有寄也

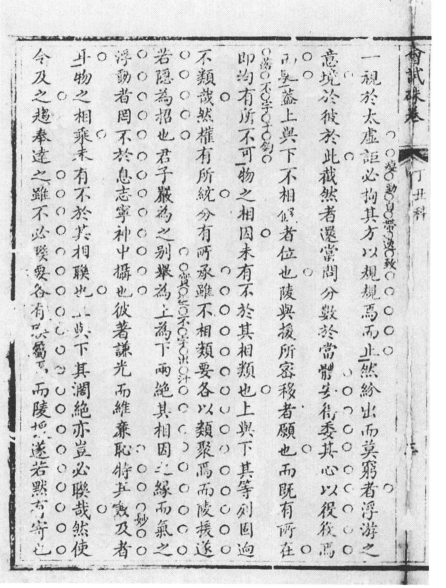

在上位不陵下在下位不援上　龔孔傳

君子慎與之接綜或上或下互彌於私乘之隙而亦之馳逐若已悉
於澹泊寡營內靖也彼樂寬容而重風節皆（妙）所不計焉耳一之二者益
有分持而並絕其累者焉位無定在累每緣而沓來跡其迭起循生
陵與援常有不可偏制之勢益非全力莫能克矣惟渾心而屏之盡
所可信者（不字圓光）不必既在而皆無又有即顯而謹之於微者焉位有定在
每微中於所投就令強制力持陵與援常有陰相倚伏之隙益非一
心所敢康矣誠返觀而（不字全面）澄其神所深戒者豈不隨在而足驗是其一
於正已若此此素位之君子所為俯仰天人而可得也歟

本房加批

此爭上流法與他題總發別

○○有司莫以告　　王宇春

民隱不上聞、有司負職矣。夫饑民良苦、而有司匿不以聞、尚安取有

司爲哉。孟子告穆公曰、鄒民疾視有司、君之所知也。亦有以有司疾

洛　肤　好

視民之狀、聞于君者乎。夫歲一不登、死亡流離、相枕籍此、亦天下之

○號○民○桃○出○告○字○　、逆、入、有○司、、○○○○

窮民而無告者也。維時徵君覗而撫子、遺匪異人、任有司耳、乃有司

百姓之于君如此見得當告　君之于百姓如此見得當告

竟何如也。百姓非藉手長吏、無由達哀痛于九閽、彼正以其無由上

○莫○告○之○　○用○代○字○法○　○　○○　○共○出○有○司○

達、謂其可壅也、而寖不以聞。庶人非借資群牧、無由爛瑣尾于四境

○○○○○○○○○○○○○○○○○○○○○○

彼正以其無由下爛、謂其可欺也、而匿不以上轉溝壑者、悉駢首而

○用○代○字法○　○○○○○○○○○○○

殯于死。有司則曰、已矣、雖告無能起死而肉骨矣。散四方者、業掉臂

明文必自集讀本　孟子　　　　　　　　　　遄喜齋

而去其鄉有司則又曰聽之雖不告豈遂空國而無人乎吾想飢黎（何云翻）

（將深寫出亦一句一轉）

百千情態未必盡入有司之目入有司之目者已什不二三況併是

（何云又進一層然推先有上一層故合來愈有味）

不以上陳也有司累千萬言未必盡投主上之耳投主上之耳者恐

什不一二況寂然莫以入告也委罪于歲凶既謂天災不足畏徼寵

（又用伐字法）

于富國又謂民窮不足憂坐使幾千餓莩含冤一國人心解體有司

曾何德于民哉今燕三十三人其授首于魯即其緘口于鄒者耳君

何愛焉

人都從莫告着筆此文後二股獨于莫告之前翻出議論取下文

慢殘二字更為渫痛文勢亦覺洶湧不窮○此題亦如鄒人與楚

人戰不得于題後下一斷詞須看其用代字法
學者觧得後股删深法用意自能新警那復有隨題敷衍之病
慢殘句尚在下文豈容便即痛詆有司文只就莫告中極言民情
之可憐而慢殘意已自透出却能留得餘步仍不犯實也　右衡

有司莫　王

有司莫以告　　陳宏衢

有司疾視民死則民終無可告矣夫民之望有司視望君尤切以能為之告也而竟疾視其死酷哉有司且百姓常待命於君即君亦斷無不恤其民休戚之情有司隔之耳有司者民之父母而君之耳目君既不能履畝民又不能登朝廷乃竟使堂廉隔絕而消息不通則更無有蘊其困者矣民者君之民倉廩府庫君之倉廩府庫也以君之財粟養君之民此亦如父兄之字其子弟君豈有愛況粟紅貫朽又際乎力之所能為以君之民分君之財粟此又知子弟之命其父兄民豈已過況流離瑣尾又值之時之所難

荷此年以來公豈惜興發之令乎公頗嘗聞小民之苦乎猝之地其風景物情臣之所知也公固不知耳蓋有司匿不以告也臣知有司之不肯告又知其不敢告在公當日以境內之父老子弟分寄之有司曰爾其噢咻之愛人之牧而使之仳離其何堪上達此猶循謹者也其無良者則但自顧官箴矣歲多消耗既無以為户籍之稽邑有流亡又未免有追逋之令況天府歲額名實難乎賑貸驟開則滲漏立見此尤其重惜身家者也此不敢告也在有司當日以一方之老幼男女親授之於君曰不過臨長之偶於偶災而遷形奏牘亦未免多事此好清淨者也其玩視者又罔知

民愛矣以勸勞為故事既不問小人之依以官舍為郵傳更惡聞請命之語況歲時稱貸出入滋禁錮免一關則轉移無術此尤其自愛利源者也此不肯告也忍哉有司死亡相繼而公廷之內方且揆發歌雅優游而語太平樂哉有司田野半荒而歲會之時更以守法奉公循例而登上考斯時之民果何如哉身在禁中既告訴之不許君當高拱更呼籲而不聞死者已為骸骨知難邀澤朽之恩而課額未清且追呼其婦子亡者散為盜賊亦無復招徠之望而隣封又甚雖極拯其溺焚此猶足為民之父母忍之耳目乎噫其殘甚矣

心自自訂

題易激烈此却以奏轉悽惻出之長歌過於痛哭六九

詞古慷慨附者毛骨皆立音節和平讀者眉惜俱揚光九

百四二

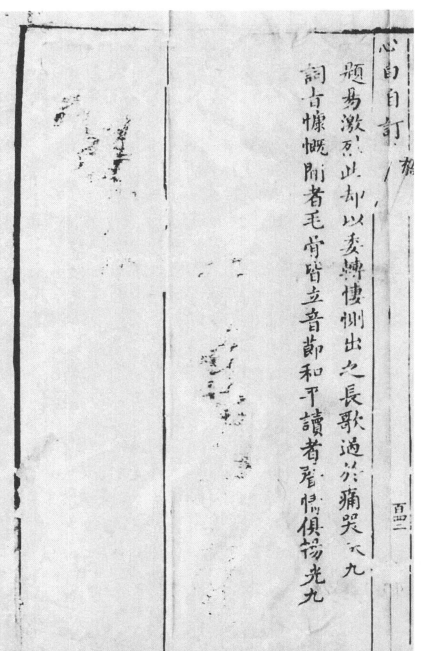

有司莫以告

宜興薪學師月　儲大文
課本學一名

視人之死而不救有司旣先之矣夫告則民或不死而不謂有司之視死甚常也其莫以告焉固也孟子曰三十三人矣旣死矣君非惜三十三人也惜有司也然而老弱就死丁壯流離當是時起視鄉隧固已盡無有司矣非無有司也有司者司民也民有疾若而不能告于君有司以之而今卒莫以也嗚呼此人之所不解于有司者也藉（制不上司有力）之倉廩固實而府庫固充也有爲有司之說者曰恤羸老移流亡來旱蝗蝪不移時上聞良有司也而且竊竊然笑之此古之有司之大度也今倉廩府庫孰與古乎我自用我法旣而其法果可以利天下

直省考卷篋中集 追評

之有司也吾事畢矣他人解不解于有司無損益也今使舉有司中

說翻出以一二字楚淘痛快

有一二人焉此一二人者有一二事焉怵然惻然而已胖舐曰何兆

此不祥也即其人必痛自詆曰何萌此不肖也是真有司之尺度乎

曰令之有司必不兆此矣必不萌此矣無聞無見生意絕矣三十三

人者一人也三十三人而外者亦一人也嗚呼蓋嘗有以民之窮而

告刺之者乎而亦已悟然矣故曰鄉無有司也雖然有司莫以告

結更尖冷

余廩府庫也君子以為猶告也

一此真孫可之文字後愚則已剽矣○活畫出慢字叚撇滿紙 白記

媸矣之怒甚于裂眦

有攸不為臣東征

姚希孟

周王以義正名而有不臣之討焉夫不臣于周此其罪未可定也而遂以不臣之罪征之所謂名以義起耳且君臣定位也而至于天怒（拈臣字就不為臣做出東征）人怨親離眾叛之秋則君臣似非定位矣故興王崛起而順之者昌逆之者亡順之者為王佐亦為帝臣滯礪之所必及也逆之者為賊黨亦為亂臣斧鉞之所必加也當商周易姓之際遺佚如太公貴戚（剔出有字）如微子前而三分有二之眾後而八百會同之國孰敢不臣而有不臣者伊何人哉蓋崇侯奄君之屬明知稔惡已久而為聖世之所必（倒取東征意思入）誅故閉關而不朝耳飛廉惡來之輩自揣眾怒已深而為王法之所（不為臣）

不宥故負嵎以相抗耳此其人無論非周之臣也即起商先王于九
原而問之亦非商之臣也不奴不死而使祖宗艱難辛苦之業離披
翻出正論
至此是斬商祚者正此臣也而猶得藉口于不臣乎無論其不為周
吳云萬無不征之理
臣也即使其稽首于王之馬前而亦不顧有此臣也長君逢君而使
商辛聰明才辯之資兇惡至此是喪殷師者正此臣也而猶敢托名
于徇國乎于是蒼蒼之表默啓武王若曰爾其討獨夫紂而先討其
碩云冉從旁攔出東征意
蠱惑此獨夫者元元之衆又環向武王若曰爾其誅無道商而先誅
碩云即接出東征毫無氣力矣冉從蠱惑與為無
其相與為無道者玉杯象箸誰獻此淫巧瑤臺璇室誰興此土木劉
道情快言之才情橫發
孕婦斮朝涉誰為紂作刑官盈鹿臺充鉅橋誰為紂作聚斂計其罪
結上

即此之共工驩兜之屬殆有甚焉而殲其魁則雖爲版泉涿鹿之師（起下）
亦所弗恤矣此東征之所由起也蓋惟天地間從未嘗有此臣子故（收況不為臣淵緣東征意）
欲其身伏同駁以寒萬世姦臣之膽而非徒爲脅服人心之計惟宇
宙中必不容有此臣子故欲其名賊身書以立後世臣道之防而非
徒爲翦除勝國之餘不然此馬之義士則聽之而已矣演疇之父師（言將東征一瀾以激足不為臣意更有）
則封之而已矣梗化之頑民則遷之而臣矣必欲胥天下而臣之夫（波瀾）（翻出正論筆力亦高）
豈帝王之度哉

通篇俱發揮所以然之故絕不鋪叙題面○有攸不為臣便是所
以當東征之故中間卻又寫天人交迫一段光景剔出不臣所以

明文必自　椒本　孟子　有攸不二　姚　遄喜齋

念東征之故。前一截先云孰敢不臣而有不臣者伊何人哉。此是先出題後發揮之法。後一截末云此東征所由起也。此是先發揮後出題之法。陸稼書

有從上句注重下句者。其法易知。有將下句縮入上句者。其法難讀。此文全將東征意縮入不爲臣句內。可悟此法。明知稔惡已久二股是從對面一層伏東征意生出。毋論非周臣二大比見萬無不征之理。爾其討獨夫二比是從旁一層襯東征意生出。王孟象箸四小比見萬無不征之理。章法相間而成。東征一點便醒便透。豈有硬裝之患哉。顧有常

有宋存焉

馬世俊

以宋存殷若有不得存者矣夫宋固殷之後也乃以宋存爲殷存則豈其然哉夫子雖宋之後而亦若忘其後作也周與下當開創之

〇有於由周入〇宋即存字要絕

始雖勝國典章猶必參酌而存之何況經營之餘則其湮滅而難稽者固已多矣豈以殷人而學周禮遂覺爲道得無同宋之作與于杞豈杞而猶乎也古爵則非宋所也存王者之後以公則進宋于曹紀矣有之先而系服乘旅纖然條西周之典紀而爲衛也專物則非宋獨也存夏人之後以爵則濟宋于秦楚藩屏之上而落寞難茲矣然秦楊孫於修乃其與于杞者自有宋之故而其無與于杞者自保

僅存焉。然商語十七篇而微于孫，放之易而宋也，不可謂非天

也，去也，以斷然者照於之斷，後之以秦誓，消有宋多之漸。猶尚山依毫

髮猶無爽，隆諸伊訓，豈偶然哉？先黃、後蜀，賞得無衍，而慎乃服命有

容焉，以命之者六七。天而可作也，乃若有此商頌十二篇，而戴公得

其所贊，亦護有容也，不可謂非幸也。採風先于邶鄘，首著殷之存，刪

詩次于周魯，齊首宋之存，彼罷祈十乘，歌其輓也，赫赫厥聲，歌其文

也，并底不誠，歌其尔也，而顧于秦，晉有濟洧，以將之者六百祀而未

泯也。後特有此矣之存，不自宋始也。前此有武庚之封矣，小腆息于

存歟？而雪霜先告，乎克綏于存宋，而參罪之傳。然存者存矣，向之所

為來享來王者猶然存焉者乎萋道敦琢之章何以總載見辟王而作也夫亦曰此新朝帶礪之守而御故國神明之祚也宋之存不獨宋然也外此有創業之服矣父師抗志而疇範為天下師元子出迪而禮物為王家客然存者存矣向之所為不韙不絀者尚有存焉者乎祼將膚敏之後何以嗣天命靡常而喪典夫亦曰此玄鳥象賢之裔而即赤烏列爵之藩也與亡猶見乎一代而有宋存是猶有殷存所謂鼓舞猶懼以存之者也令顯嵯峙乎中原而有宋存終難可毀存所謂感嘆思而以存之者也而難諱人人念爾何嗟哉

評：中一段雖守但有神，何秋將淡月字恪升。藻思猶勁。

通篇時藏周字作賓中之主，鋪揚處鏗然嘉識，逼肖周京，不如反鐵

也其情致乃最近流初明場
可無筆耶前劉彥韓公所集
說宋存之不可特正見禮之
股中藏得祀存意卻借宋存
有筆有書

要表寧相須用讀書人狀元何為
一三尾妙換衣生
不為當世法也六股文字集
刪抄容藉蕊為凉鋪陳終始

○○○有命孔子進　有命

江南高學院歲考　劉朝瑞
寧國府學一名

予命以得失之權而聖人之大節彰彰矣夫孔子者禮義之衷也予衛卿之得不得而以有命語之其進退不與可知哉嘗觀生人窮達之遭而嘆造物之有時無權也夫造物豈果無權者但其權寄之君子常少而假之小人偏多于是乎小人亦遂攬造物之權以自予慫慫人世得由小人失由小人矣以小人而進以小人而退矣惟聖人與天為徒即所如不合而必以窮達之大權歸之造物彼小人者亦應爽[illegible]矣也要之聖人亦立意較然不欺其素而已他何必哉一如衛行之

子以吾子路夫孔子生乎進退之節子路豈不之知者而

評語
孟子於位得失之際心傷之矣不知其無庸也使衛卿可
○主○言　○有○命○即○字○含○進○退○
得則　進矣孔子而進必有所以佑其進者彌子不得與其力也
命也衛卿不可得則孔子退矣孔子而退必有所以抑之退者彌子
不得聞其說也命也乃彌子意且無命而惟曰主我是天下莫之為
而為者彌子能為之矣何其妄也孔子意無彌子而惟曰有命是天
下莫之致而至者彌子終不能致之矣何其斯也由是孔子不主彌
子而其於衛之進退可知也非徒于衛也周流之地少進而多退則
○從○命○祈○入○禮○義○
謂孔子進以命退以命可乎抑又不爾也孔子固非屈柔從俗而求
非委心任運者也其進焉不必進也可以進為進亦可以進為退者

是其審慎而不迫者以君相之禮合之我身之禮有相須無相左也
則進以之其退焉有必退也可以進而退斷不以可退而進若是其
劉制而不回者以我必之義決之時事之義勿貳勿參以三也
則退以之故嘗槩觀孔子生平有以禮而進者得之不必在世也曰
妙至此
禮而已矣不言命可也有以義而退者不得亦不必在世也曰義而
已矣不言命可也蓋居易俟命聖人守之而無庸樂天知命聖人忘
焉而罕語若其得之不得曰有命者為彌子言之不獨為彌子言之
也夫自[illegible]人不言命而命之權輕矣亦自聖人言有命而命之權重
游衍皆成妙書
多之輕乎以重禮義而重禮義者又真能達命者也彼小人者何

本朝□集　孟子

□命　　子　奕類哉。

竊々　淡淡澹以遠。浮氣矜情。為之盡釋。高學悅原此

意境飄灑。機趣飛動。攸如風水相遭于大澤之陂。未嘗有意為文。

而天下之至文不能過也。

有命孔　　劉

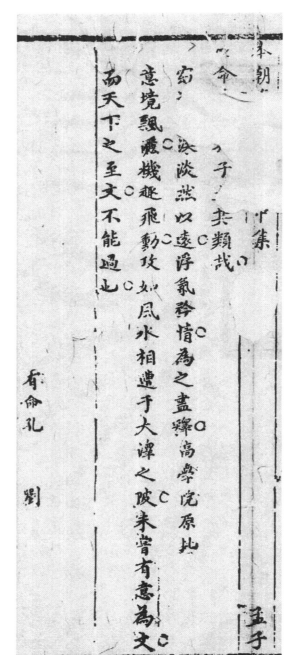

有若曰豈　一節

李斯義

合民物以言聖、而益見聖之有獨異焉、夫凡聖之于民、其相類倘物也、而已出于其類也、若孔子不尤異也哉、孟子意謂、以予觀孔子而徵之宰我子貢謂其賢堯舜遠百王、其尊孔子也至矣、然僅以聖論聖、而又未足以盡孔子之異也、有若之言、可終述矣、曰盈天地間皆民也、而豈惟民哉、執民以論、猶是同之者也、見為同、豈惟民與民同、物與物同、聖與聖同、安往而不見其同也、見為同、豈惟民之不同者、無非同物之不同者、無非同即聖與人也、夫、也而亦無非同者推ㄱ不見其同也、此皆不足以言孔子也、何也、拘于其類也、以物，麒麟鳳凰之不離乎走獸飛鳥也，泰山河海之不離乎丘垤行潦也，不謂亦未始不類也，雖然，物其小者也，智愚之類聚而與居也，賢不肖之羣萃而與處也，聖人與民，猶之物也，亦類也，雖然，于不類者見其類，猶是同之見也，若夫聖之為聖則異矣，出乎其類，不得謂聖之猶以類拘也，拔乎其萃，不得謂聖之猶以萃囿也，不類也，而聖之于聖人，未始不類也，猶是同之見也，茲欲求其異，則于異之中見其不異，即于異之中見其所異，則夫自生民以來，未有盛于孔子者也，世之聖以衆矣，若堯若舜，各極其至，而所願不存焉，聖如孔子，麟鳳不足擬其靈，山海不足協其量，雖不能無心嚮往之，而謂肯與焉

合諸人同類而並觀之哉

清氣相引不肯用一俗筆

有若曰豈　一節　　　徐念祖

識人物之異而後欲至聖之盛矣夫聖人之異於民亦猶物之異於人耳何如孔子之盛更有異於群聖者乎且堯舜聖而帝者也即百世之王亦多聖而王者而孔子不嘗過之亦足明其盛矣乃又有侔覽於人物之群彼詳於同異之辨而倍極其推崇之意者焉則有若是已彼其言曰吾觀孔子其至聖矣乎然欲知孔子而不惟孔子而已而必統觀諸聖人欲知聖人不惟聖人而已而必徵諸聖人之於民欲知聖人之於民不惟民而已而必驗諸物則且以民為走獸而以聖人為麒麟則且以民為飛鳥而以聖人為鳳凰則且以民為丘垤

原評此下妙在如水出峽一瀉萬里

而以聖人為泰山則且以民為行潦所以聖人為河海其不類而類
墨○數○層摺○二○舂○撲○道○妙
也無人物一也其類而不類也無人物一也其類而不類而出乎其
然○着○上
劉○起○盛○昇○一○鳳○濮○八○禾
類即以拔乎其萃萃無人物一也故物莫盛於麒麟鳳凰太山河海
句
而人莫盛於聖人幾然嘆觀止矣而循以為未若孔子之盛也一蓋曠
來○句○仍○援
觀於自生民以來非聖人不能出類顧使兩聖相值而彼一出類比
出○類○二○字○換○出○手○忽○亦○止
一出類則又相與類矣未聞有出類之中而更有出乎其類者也而
惟孔子之度越群聖者為然抑惟聖人出類而始拔萃儼使二聖相
也而彼亦拔萃此亦拔萃則又相與萃矣未聞於拔萃之中而更有
拔乎其萃者也亦惟孔子之超絕衆聖者為然欲聖人之異於民也
再○讀○十○遍○文○精

猶之麒麟之於走獸，鳳凰之於飛鳥也，而孔子之異於聖人，猶之乎聖人之於民也，而麒麟鳳凰有不足況其靈奇者矣，聖人之異於民也，猶之乎太山之於丘垤，河海之於行潦也，而孔子之異於聖人也，猶之乎聖人之於民也，而太山河海有不足喻其高深者矣，其盛也，而豈非生民中之一人乎，有若之知聖如此，而吾之願學益以決矣。

題緒繁碎，文止一筆撈去，而層次不亂。方重華

題中層折甚多，大概類一層，出類一層，孔子之拔萃一層，而類字中有人有物，文妙在以人作主，點化麟鳳等項，又妙在類與出類

本朝考卷大題鑑中[illegible]　孟子　有吉曰　徐

一齊捲過直跌起來二句而後半節來二句處却力借出類二句跳出又捲上人物兩層作波作襯題中摭拾皆化為雲此種文看似縱筆掃就實乃巧妙絕倫也

有若曰豈　一節　　翁叔元

合民物與聖以尊一人一人之所以獨至也夫于類之中見異物固有之聖亦皆然要未有如孔子之盛者也有若之知聖也至矣蓋嘗聞之聖人首出庶物是聖人亦在庶物之中也使聖人離庶物無所謂首出矣而又何以為聖人是故天下之異焉者皆其同焉者也而知聖者乃得從天地萬物之內而獨尊一人于上下今古之間以我所述宰我子貢之論詳矣夫上自堯舜下及百王第見乎人類之所以異未曠覽乎萬類之所以同也若夫有若之言則更進矣其言曰豈惟民哉盈天地間皆物也盈天地間之物皆類也獸之中有麟鳥之中有鳳山之中有泰山水之中有河海此人所知也麟非獸則不

妙言創獲

來脉井然

以麟鳳山海之類形起聖人之同類以聖人之同類博出聖人之

出類○拔萃又以聖人之出乎拔萃歸到孔子○之生民未有題意○出

名為麟鳳非鳥則不為泰山非丘垤所積河海非行潦所歸則

要訣到末句竅○作者全用輕筆點○過

不名為泰山河海此人所不盡知也無他類也聖人之于民也亦然

聖人○二○字○離○合○多○曉

聖人人中之聖也惟聖不離乎人所以為聖惟聖克盡乎人所以為

人其類也所以能出乎其類其出類也所以能拔乎其萃也雖然自

生民以來所為出類拔萃之聖人蓋亦多矣其道德之所著與事功

之所歸莫不各有所見帝者吾得指之為帝王者吾得指之為王猶

之麟鳳山海吾得指之為麟鳳山海也若孔子則無可見無可見故

名無可名凡豐功盛烈畢舉而歸諸意量之間皆太虛也斯益遠

極○推○高○却○極○平○實○大○而○非○夸○

求夫子乎蓋即夫子一生時行時止之常極千古之帝德王功有不

依外焉者矣且其夫人之所定與時勢之所成往往皆不相襲上古

之湯穆不能為文明後世之征誅不能為揖讓猶之麒麟不能為鳳凰泰山不能為河海也若孔子則無不兼無不兼故亦無不化凡忠敬質文悉舉而行諸素位之內皆日用也斯豈必高言夫子乎蓋即夫子一生動靜語默之節極往哲之天授神奇有不能至焉者矣意孔子亦人耳其于民亦類耳孰知其盛乃如此哉夫有若之于聖門不在言語之科而其為此言也殆非尋常意計之所及學者不能深知聖人而至以一偏之行與聖人絜才量德也不亦惑乎

更奇

兩類也是一層出類拔萃是一層未有盛是一層一層一層進一層而能一筆鈎出一氣抒寫又能于末二句形容極盛處不作矜張純用親切指點所以為高 徐健菴先生

有若曰　三百六　翁叔元

往時作此題者○多將前意鋪敘○又將羣聖多作形容○于末二句神理○反不暢○此文全注精在末二句○故前幅輕寫○不嫌其淡○惟見其活○未有盛于孔子○以堯舜百王較之○則孔子無位而功在萬世○以伯夷伊尹較之○則孔子大成而化其一偏○本兼二義○後比兼有此意○妙在于極平淡處○說得極神妙○見地不同○仇滄柱

有若曰豈　一節　　陸毅

即羣聖以尊聖亦智足知之也夫聖與民類猶之物也而出類拔萃中莫盛於孔子非有若何足知之且從來尊聖者謂當世一人而其餘皆可廢此不善觀聖者也夫使聖人獨立於天下是先（此喻甚斷）莫之是眞爲同又何自形其爲異且前古後今安知不更有人焉駕而之也是故惟合衆人以觀聖人令衆聖人以觀一人而詣之量然始出有若嘗言之矣曰天下林林者皆民也然而豈惟民哉吾嘗通之於物然今夫麟鳳山海物之至靈至奇者也然吾思其與鳥獸爲類山水爲川而卒不聞與人爲類則物之自於類固々斯也今夫聖

人之至靈至奇者也然吾見其與民為群而卒不聞與麟鳳為類
海為類則人之自成其類亦如斯也知物不企矣聖哉而歎遂從聖
人為民則久不可一舉天下皆民民之數衆也舉天下不皆聖人聖之
數少也從來少者易為衆之所掩而何以聖人之言論風采離之乎
常儔伍之內而一望可知此必有卓然立乎其上者矣天下無一日
無民民之時常也天下或百年無聖聖之時暫也由來奇者不又常
之可久而何以聖人之學問文章歷之推遷剝復之餘而光華益烈
此必有超然越乎其外者矣夫惟出類是以拔萃盛矣哉聖人乎蓋
自有生民以來凡聖人類然也而吾獨不能寘我孔子也至人之意

人甚廣周禮問官不自滿假焉則使當日有盛於孔子者尼山一席
應亦樂居弟子之班矣然終無是理也何則盛矣孔子而量已止矣
且夫兩美不能相下置一孔子於前而麒麟知當獸鳳凰以下[illegible]
小怨夫高河海怨夫大此蓋生民以來可幾ゝ求之者乎造物ゝ哉
培甚厚千里百里必產異人焉則使古今有盛於孔子者川嶽鍾[illegible]
可謂別秘生才之格矣然終無是事也何則盛矣孔子而勢已窮也
且夫造錯亦幾何常矣一孔子於前而聚精為類一人獨能出之
昭昔為常一聖人獨能僕之此蓋生民以來可見ゝ微之者乎蓋信
乎其未有也若有若之言如此而子貢稱舉亦何容已也

陸士龍大題八面

極嵌碎遊微律極齊整。其中一經一緯。絲絲不亂。能令觀者目〻

五色。所謂錦心繡口者非耶。大極敷條耳

筆花怒開。熟讀數過。自似萬紫千紅。一時齊發。

有美玉於斯　三句

崇文沈叔眉少潭

以韞匵沽論美玉疑聖人之兩無所處也夫有玉而不韞匵似宜出於求賈矣子貢殆聖人之非韞亦非沽也故問之若曰子嘗以賜為器賜敢謂奇貨之可居竊欲炫耀以求售矣顧質類碔砆隱見俱無關輕重獨可惜者具非常之品既不為卷懷而去又若陳寶而來則愛護之未周亦特達之難能曷為弗審所處一言為謀也今夫燕石為寶什襲焉而見誚於斯人鼠璞混淆驚焉而難欺夫當世此圓知希無足貴而賈用不售者也而豈所論於美玉哉名材不世出極鍾靈毓秀之奇而重之曰有此天地之不愛

其寶也所秘所有則被褐懷公所有則嘉熟蔭顯與晦一任大器之自為位置而化工不代執其權英物不盡生標懷瑾握瑜之異而有之於斯尤朝野所共仰其光也而或於斯韜虹彩或於斯蔚國華出與處要在當局之自定權衡而舉世不得操其柄 則謂美玉而宜藏乎藏勿輕言藏藏有其匵匵不貴故則必宜於韞謂美玉而宜沽乎沽不易言沽沽在善賈賈不自至則必出於求自非然者養晦為懷矣而情不深於隱匿則藏也而疑於沽觀光有志矣而謀不及於薦陳則沽也而又疑於藏 藏而疑於沽是欲自完其太璞而轉同犧象之出門則鄉於藝之 而疑於藏是期上列

於天家而不等南金之大賂則嫌於吝既堅乎有此六美矣而乃匱
不韞匱不求適介於藏與沽之間哉鑴石取玉之無其時也具不
琢不雕之素假令韜晦以為安而退藏於密斯誠無爭乎求矣不
然而願為希世之珍奇隆其聲價則當風塵無物色藉非望天府
而前陳其如不求胡獲也既不同菁莪之列於甄詎復異璞珪之
投於櫝賜竊為有美玉者熟計之貴玉賤珉之難其遇也抑不緇
不磷之真假令珍惜之獨至而深藏若虛斯誠無求於世矣不然
而願以連城之價值償兹席珍則當瓦缶競雷鳴計惟標奇覰而
自獻庶幾克應所求也不欲匿采而為入山之深曷不垂纓而作

西泠三院會課二刻　論語

大廷之獻賜竊願有美玉者善處之藏諸沽諸慎無抱璞以遊而仍不取懷而予也

疑聖人非藏非沽確是端木氏設問之意後比側注末句仍不失兩諸字語氣相題有識而運筆亦極遒勁可謂藻不〻　补陸靄山

前踏精警後二比為兩諸字傳神抑揚頓挫興會淋漓洵虛實兼到之作

有美玉　沈

有為者亦　我哉　　新穎集　祝桂榮

為有不難知古帝者、元聖之言益可信矣、蓋顏淵之道即舜之道、有為者自可相若也彼周公之師文王儀亦因道之一而歎其亨之不欺欺、且天下大有為之人皆天下善得師之人道不以風氣殊故世有升降道無升降後學與先覺同其功道不以境遇別故人有覬覦道無覬覦曠代與一家同其理勇於有為者立志不卑能自得師者信古不惑而賢也而言師一致已舜何人也予何人也顏淵豈大言以欺人哉蓋顏淵之所自信者在有道而以道自勉者在有為天不生而舜舜於道獨見為優天既生一予予於道豈見為絀有為者信與不息知者悅而就畏者亦可仰而跂也豈其私淑有心終隸潛世文明之獨絕十數孑之世無舜見道繼不若禹皋舜之後有孔聞道距不若聞孔有為若進就無難始則分其途終則亦必合其轍也豈其薰陶未得親進察倫明物之邃遠百王有為者亦若是是何也以道之一致也然而前聖之抱道者豈獨一舜也哉然而得賢之體道者豈獨一淵也哉精一危微之說肇自唐虞而斟演羲文至武周而其文始著則能闡兩大不言之緒始能樹萬年不易之經博文約禮之傳紹於吾黨而魯多君子所聞一時而不乏其人則凡為一身亦不變之規皆堪為百世立不刊之論文王我師也誠歎周公不我欺抑何與顏淵之言後先同揆哉且夫豪傑貴能自立原不待辟雍鍾鼓始勵其修枌梓範當前可以彈琴而過也公以子師父淵源繇家學之傳我以臣師

君方策溯先朝之舊文謨之彪炳燦若日星而師其緝熙敬止可
體道以修其身師凡儆保思師可學道以愛其下道無二道斯為
皆能為故兼三施四公以一己府列聖宏綱而待後守先我亦以
藐躬寄斯文砥柱而何異函丈之親承也哉且夫聖德自可追琢
豈必如望散畢榮知由親見況風徽雖遠可以誦詩而知也公師
文以治魯首創龜蒙危繹之休風我師文以宗風不負亦綿繡
之雅化文治之光華常留宇宙而師焉而得人而道之燦著者著
可明師焉而得其小而道之細微者不否道　歷漶而為資實力
故公以師而委裘負扆綿綿奕十世世世之欽　以師而出身加
亦可收五年七年之效疑疑之誑女也哉何也道一故

有爲者亦若是　　滙海集　魯世保

當志於爲者可以知其自待矣蓋人各有志惟賴其自爲也果能有爲何不若舜之有此可以明性善耳且士不幸而生古人後也遥遥千載誰登琴瑟之堂落落吾徒空發典謨之藴薪傳契慕悠焉予懷矣自恨生當晚近不獲與古爲徒顧猶幸懿好之真逌之自我苟其不輕於自待則又未嘗無一二好修者與古人同其指歸所爲用自慰也今試前望往古而問曰古何人曰有舜在後顧當今而問曰今何人曰有予在予敢上希乎舜哉然而予則爲之矣爲才人爲學人要不過爲性分中之完人千載上有舜千載下何幸有予也爲聖人爲賢人惟自勉爲斯

道中之大人予恨不見舜予猶恨不見予也特患不能有為而讓舜以獨善卑且夫有為而不為是不知性之皆善而且以道歧而二之也時與地殊而所為之道無不同德與位判而所為之道無不同言與功異而所為之道又無不同念吾自法舜以求羹牆慕之無以通其志風雨失之無以寫其奇道脈或幾乎墜矣而惟此善端之發恩統乎聖凡遂不覺懇切纏綿結遙情於千古舜不若是無以為舜予不若是即無以為予自命高而自待奚得卑也有可為之性而謂質之不逮惰爾有可為之性而應才之不及怠爾有可為之性而懼力之不勝餒爾念吾自學舜以來一室盱衡天地寬之以歲月草廬歌嘯簡册遺我以靈明道統雖未易承乎而特念善氣之薰蒸長留今古固不禁

後先相望肩絕業於名山。一思夫何以若是。人人可為舜。人人宜奮其為。但援一可以若是。人人不盡如舜。人人當勉其為。立心堅而抱負由此展也。舜為於前。而不能必後人之皆善。以予齊其緒。前不見古人。後猶幸見來者。振作任自為也。往哲有靈。咍我情鍾性毖矣。舜為於獨。而未嘗絕與人之為善。以予深其型。學必期三代以上。道祇爭一息之間。取法良甚便也。性功如一。亦自覺韋布馨香矣。此顏淵之援舜以自勵也。而尚疑吾性善之說哉。

歌畢舞一往情深

有為神農之言者許行

雋快集　丁鍾藻

以異端而誣古帝著其為以正其非也夫言果出自神農何病其有者彼許行實為之耳誣聖之罪可勝誅哉且時至戰國異端之說盈天下然皆自立門戶以為言非有所假託以肆其言也若乃以一己之言託之古帝之言因即恃古帝之言以肆其一己之言則當嚴辨其立言之誣而深斥其造言之罪如特書有為神農之言者許行是今日戰國之時非先王之法言不言者孟子而已孟子者宗孔子之言者也孔子刪書斷自唐虞黃顓以上率皆不錄神農之言其無所稽考可知夫孔子不能得而許行乃能得之固萬萬無此理其所謂神農之言出於妄造

也不待辨而自明而其所以為是言也蓋亦有說謂論不出於創聞則聽之者不衆宗後王以著說論轉屬於習聞援古帝以立言說自形為獨聞使人驚其創而慕吾言吾計得矣使人樂其創而言吾言吾計益得矣所謂喜為異說而不讓敢為高論而不顧者行也有焉言不標其奇特則信之者不尊談道德而有補治功我不及人之學問侈農務而忽援古帝人不若我之新奇使人樂吾言而羣羨吾言吾術善矣使人惡吾言而無奈吾言吾術益善矣所謂愚人之所驚小人之所喜者行之言有是故直斷之曰為之云者決其憑臆而創也明著其言從出託古皇以求駭衆一以定許行之罪俾人惡其橫議之肆行以解美帝之誣俾人識為訛言之謬託行言雖狡能逃吾

嘗之明鑑也哉亦特書之曰有有之云者若曰自彼為殆也明著夫肆無忌憚託古聖以濟陰私俾世知行之進言可恕行之誣古不可恕行之誣古可恕行之誣聖不可恕神農有知應歎行之說己也已自楚之滕蓋與孟子為難也其為神農之言適所以得罪於神農也夫

一瀉千里浩氣流行

俊贍無敵八陣雄師

筆力清剛得峯鋒風三字訣

有為神農之言者

一貫集　孔昭乾

有託言於古帝者，其所為可異矣。夫神農去今遠矣，乃竟有為其言者，其所為能不異哉。今使人挾一己之言以矜奇立異，未能必人之信其言也。有狡於爭勝之人出焉，託其說於古初，而以為確有所據；神其說於上世，而使人遠莫能詳。欲令斯世感其言，述其言，而并以為非一己之言，則駸駸焉相逼而來。其說雖誕，其勢甚肆焉。誌之曰：有慎邪說之萌焉。今夫戰國時所深幸其有者，孟子之言而已。法先王之法，行先王之行，即言先王之言。經界宜正，宜從其言；穀祿宜平，宜聽其言；君子賢人宜有別，宜佩服而勿諼其言。是言也，非一人之私言，乃千聖百王相傳之言，亦傳之後世而世世帝王所不能易之言也何居乎正言未行巵言已起竟有為一言以相敵且託其言於神農者且為神農之言者其人亦未嘗無才也若謂論不創則聽者不驚議不因則聞者不服彼神農固始為農事者上古緜渺典籍荒矣我為其言一若人人未聞其言也者一若人人願聞其言也者一若渾噩可風人人意中所欲有之言而適自我述其言者故其言之足以動人聽令人信較之言縱言橫言為我言兼愛之言相去遠甚履霜堅冰至雨雪微霰集其始有也不可以不懼也於是直書之以正其罪著其誣曰有為神農之言者後世擬經偽書之迭起往往竄其文於謨誥以臆造者逞其私而為神農之言者更欲駕其辭而上之也以為殷周虞夏何人不誦其簡編我為言而託之是自窮之術矣彼神農固皇

初之帝乎而又年代緜遥若在疎佐循蜚之列我借此以為其言微特喜我之言者且謂我墜緒之能承即惡我之言者難黜我引援之必偽也書之曰有儼欲於聖經賢傳而外別著一奇焉後世天澤君臣之易位往往附其說於詩書以則古者飾其妄而為神農之言者亦欲乘其機而一試也以為談天雕龍尚欲私矜其辯論吾為言轉遜之亦可笑之甚矣彼神農固睿哲之主乎而又政令簡易切於生人日用之間我因此以為其言微特斯世酷烈之言見吾言而傾詘即斯世正大之言亦闢我言而無從也書之曰有竟欲於世衰道微之時別張一幟焉此欲危井田之法也其人為誰則許行是

有為神農　陳相見許行　擷溪集　孟廣乾

誌之滕者而及其相見誤尚不在一見也夫許行與陳相既皆為泒於滕矣安有不相見者謂陳相之誤在見許行非也且人苟處不能不相見之地雖平生所不願見者終欲不見而不能况吾儒之於異端拒之雖甚嚴而待之當甚恕如謂有薰蕕之臭即不應修覿面之儀抑亦持論之過刻矣如楚有許行宋有陳相二人平日固未嘗一見者迨孟子至滕為文公陳井田之制二人聞之並躍然起此其間之若有天假之緣者許行者楚索隱行怪士也常託為高遠難行以盜名欺世故當特皆知楚有為神農之言者有許行其國有陳良則古稱北與許行若冰炭

陳[illegible]嘗受業於其門此二人者非惟所居不同方亦所習不同術得而相見哉乃滕將正經界矣許行聞之慨然曰吾將陰樹之敵遂怨怨焉與其徒數十人操衣食業而自楚之滕滕將均井地矣陳相聞之慫然曰吾將親被其休遂皇皇然與其弟辛負耒耜而自宋之滕夫滕壤地褊小將五十里耳行與相均受廛封內即居異井里而衣褐數十人相屨織席操南音發楚咻交易國都往來田野陳相朝夕作苦適相值於桑田畎畝間於焉詢鄉里問姓氏得知許行之為人少間即修贄請謁訂異地相知亦固其所是陳相之見許行亦似於天假之緣者也顧或謂陳相苟不見許行則許行無所施其神農之言陳相即得終為陳良之徒且素習儒業者不與立談許行將自懺無謂而

其勢益孤其焰亦自息而正不然古今來邪正並生因吾儒拒之太甚遂激而張異端之幟為正士之憂者往往有之惟不惡而嚴接之以和平動之以愧恥警之使覺悟乃徐而勸之使更張陳相能如是則使許行去異端而歸儒皆此一見之力也必謂陳相之過在見許行豈通論哉特所為神農之言方入於陳相之耳素號為陳良之徒者即轉而為許行之徒則陳相之過不在見許行而在悅許行之言即學許行之學

有為神農　自楚之滕　錢選集　張選青

有欲壞大賢之言者、因先誌其所之焉、夫孟子之與文公言、石皆二帝三王之言也、而許行欲托神農之言以壞之、則其之滕也、豈獨滕國之不幸哉、嘗思古者異言有禁、夫禁之云者、非徒居禁內者、在所不容、即來自他邦者、亦宜早絕焉、乃挾欺世之謀、竟將以不經之言、敗正人之言、且欲於正人所處之地、共信其言、共行其言、而使其言為正人之所莫能屈、一時越境而來、遂有不憚其勞者、昔者文公之楚見孟子、與孟子之之滕也、凡所與言、皆二帝三王之言、惟時滕之君奉其言、滕之臣服其言、即滕之民亦深賴其言、則孟子不幾大有造於滕哉、乃不意於井田將行之日而竟有為神農之言者今夫神農之言亦何不可有者而特不可以為也吾思儒者誦法先王不能息邪說放淫辭已不能告無罪於古人況為典謨所不載宇宙所罕聞以非神農之言而造為神農之言此誠有心者之所歎息痛恨於其人者矣其人為誰則許行是獨是許行楚人也楚之强非滕所能及楚之盛非滕所可並使行而果有匡時濟世之才以安民則以二帝之言為言而使其君為二帝者必在行也以三王之言為言而使其君為三王者必在行也即不然或專習刑名好尚游說將抵掌於齊秦韓魏諸邦而以一言顯其功名者亦未始不在行也如是則何必之滕如是則何必自楚之滕然而之之者固亦計之早也以為滕無孟子則不必之滕有孟子而

非近於楚則不必之滕且近於楚而非當井田將行之日亦不必之滕否則滕為利者楚實為害也滕可安者楚實可危也此為神農之言不有於他國而獨有於滕則許行之計亦狡矣哉嗟乎正士千百言振紀綱而不足異學一二語敗法度而有餘始則言縱橫者敗之繼則言捭闔者亂之而終則言神農者又壞之自許行之滕之後而孟子之言不得施行於世則彼許行者非惟得罪於二帝得罪於三王即神農氏在天之靈應必為之深痛也夫

有為神農 之處　文華集　葛夏藩

壞法之迹未彰與之處亦情也未滕公之可與有行以其近情也許行以情動之公烏能不與之處哉且天下不情之人善作近情之論而近情之人又往往為不情者所愚當夫巧借卜居之名陰行入室之計隋叢其計者不荒裔投之而宇下庇之闢者鮮不為之惜而君子曰是乃近情普孟子至滕館於上宮公之所以處孟子者非動乎情哉今夫處孟子則必尊孟子尊孟子則必信孟子凡非孟子之言不敢言彼異服異言其不可與言者自不可與處也明與獨奈何有顯託無情之言而陰壞有情之法如許行者夫無情之言非為神農之言乎神農之言渺不

可考矣為之者儼若顧有所考神農之言久而無徵矣為之者且若信而有徵蓋將胥天下而農之必將胥天下而神之蓋將胥天下不農者而愧之必將胥天下為農者而奉之於是欲神其言於農者且誣神農以為農矣夫神農也而果農哉胡不情如是耶而文公未之知其言曰遠方引之以悠遠之情也曰仁政感之以歸仁之情也曰願[illegible]曰為氓動之以卑牧之情也天下惟不情者最近情亦惟近情者最易感於不情文公曰來者自楚情抑何誠也踵而至門情抑何苦也叅是不請諸孟子不謀諸大夫而竟與之處云且夫居廬之制方行百官有議於庭矣父兄且訟於室矣而躍然慕仁君者乃在荊楚之士斯固其相見恨晚者也曰爾願一廛耶室可授也弗俾如歸者獲肆於

安土焉黄鳥之靡集情忍乎哉故將為君子焉則宜處之於朝將為野人焉則宜處之於畝且夫制產之議方舉以治地則師殷矣以新國則師周矣而忽然佩仁政者復祖神農之言又似夫天作之合者也曰爾顧為氓耶來不拒也弗俾戾止者益適於樂郊焉碩鼠之無依情安乎哉故處之而轉徙無憂移粟移民可不必處之而流離不數事齊事楚亦無虞此文公之近情也厥後許行乃以數十之徒倡神農無情之言壞孟子有情之法斯則文公之所不及料者矣

第十一册 卷三十三

有為神農之言　大悅　錢名世

兩記至滕之人皆以悅而救矣夫許行為神農之言者也而陳相則陳良之徒也均至于滕胡為見之而大悅哉今夫人莫貴乎擇術士莫貴乎立志擇術不正則將苟異乎人矣立志不堅則又將苟同乎人矣故夫兩人者終身不相遇可也一相遇則彼且高其術以籠之而此且畢其志以就之于是立談之頃而不啻有終身之好焉昔者滕小國也游說之子望其郊而去之乃幣天下而儒者一人焉告之以井田之政而滕君行之于是天下之人于于然而來矣則有一人前數十人後而參差以至者則人有一人存一人否而屬行以至者

警盡　見字　接字截住　先對題各開說

其一則許行、師與徒其一則陳相、兄與弟夫許行自楚至其來遠矣。慕仁政而願為氓、因其宜也。陳相自宋至且未近矣。仰聖人而願為氓、亦其宜也。既皆為滕之氓矣、則其相見也、何感焉。雖然彼許行者何人哉、乃為神農之言者也。彼陳相者何人哉、乃陳良之徒也。

[illegible]

奈何哉見許行而大悅、盡棄其學者相之、與[illegible]未棄穿農歟、來歸之、賢自度無所長而又見行異乎衣褐之夙、綑屨織席之業、樸陋鄙野、有隱然吾意[illegible]吾于此有儒者好[illegible]扶斯世之術、類先得庸謹無能者以為之計其[illegible]者亦食力已耗身仰圖之慮、識者之希、孜有人焉猶知深教[illegible]心向之、則論律然無息矣。下士抱尊聞之志、未嘗有

[illegible]

強立不反者以爲之悲其所得者淺近而已幾風異地方意人亦之之
陳相何肯不破許行欣倍師而不惑
多奇有人焉立說頗高而行處較易則遂怡然傾慕矣其大悅也行
則有心相其無識乎獨可惜者滕君之政方厚君子別野人而役行
與相者不過縫掖之賤士枯槁之鄉眇耳居然儼若都邑造作語言
補發
入者主之出者奴之則亦與之處者之過夫
案中有斷斷仍是案以不盡情發露爲高　原批
兩節各首句伏亂滕倍師兩案而大悅句則與枯之始也然當重
抱盡棄其學句尚在下文則倍師罪狀未明未見孟子時并並耕
議論亦秘此原批所謂不盡情發露也叙次落落不深文而獄已

具史傳識手。汪師退

側點兩節背句以小大總句。使綱領照然。最是一篇制勝處。擇術不正云志不堅。與稍知儒教云説。頗高而自處較易。奇語皆洞心擢骨故跡不露下文。而大旨躍如。

育為神　錢

○○○有荷蕢而過孔氏之門者

偶過者與偶留者俱傳有所以傳也夫孔氏偶留于衛而偶擊磬而

一偶字生出通篇文字清

又有偶過其門者偶則不書ゝ荷蕢豈偶然哉且天下之境一偶然

之境也天下人與人之相遭一偶然之遭也無端而覿其面偶然耳

無端而聞其聲則益偶然況乎止者不知行者行者不知止者而不

相識而若兩相位而相值而寔不兩相見則豈非偶然哉或曰于之

擊磬非偶也或曰是亦偶然衛非孔氏所久居衛之中偶有孔氏之

門孔氏之門內偶有孔氏孔氏罔擊磬此自門以內偶然之事此自

門以為偶然之聲不虞門以外之遂有人從而聽之也雖然豈能禁

人之木之聽哉。孔氏之門過者曰凡幾人。一日之內。一時過者凡幾人。一時之內過而得聞此磬殷者。又不知凡幾人。然而過者自過。而若無聽也。聽者自聽。而若無殷也。紛紛而來者。過孔氏之門。紛紛而往者。過孔氏之門。則亦遂過孔氏之門也。而不窺門以外之過者。遂有人從而獨聽之也。彼不知何許人也。亦不詳其姓字。望之有荷視之。則蕢噫是硁。荷蕢者。彼荷蕢行衛中。比屋而居者。門相次也。頃□凡幾門。門內有殷否。忽過孔氏之門。不知其誰氏之門也。不知誰氏之門焉。知門內之擊磬者為誰氏。是其過孔氏之門也。旁觀者矣然。孔氏之門。彼不知過孔氏之門也。偶也。或曰非偶也。荷蕢者或亦薦蕢。

亦是偶然

拖是偶字

與孔氏之擊磬一也一有托而過一有托而見也然而亦偶然也孔氏之擊磬無論其偶然與非偶然即非偶然而于門外渺不相知之荷蕢者則殊偶然（又把折又欲雅）荷蕢者之荷蕢亦不問其偶然與非偶然即非偶然而于門內渺不相知之孔氏則誠偶然（偶字二齊收嶄）偶然而衛居孔氏偶然而衛有孔氏之門偶然而來荷蕢者偶然而荷蕢者過孔氏之門孔氏之門內偶擊磬孔氏之門外偶有蕢孔氏門外之荷蕢者偶聞磬天下偶然之境未有過此一境者也下偶然之遭未有過此兩人者也偶然則不相識也而不惟不相識也並不相見也而不啻其相見而相識也荷蕢者之于孔氏夫豈偶然哉（又不漏然）

黃曙飛小品　論語

提筆拈得一偶字是亦偶然不謂恰與有心之冥無意求作反照

自記

今梁州曲因風水漣漪均即所成心之于題猶風與水悠然意會

振筆曲折以赴之遂成天籟說絲說竹說肉總不能得其彷彿　劉

梧岡

過孔氏之門者不一人荷蕢之所過者不一門一邊寫得真行徑

趋一邊寫得天荒地老其中有一孔氏之門即有一荷蕢者正于

風馬牛中看出磁針之相引可謂孤情絕照　張慎五

有荷蕢

有荷蕢而　一句

科入安溪縣學第六名　王可歌

記過門之隱士人以器傳矣夫孔氏之門獨有一荷蕢之過哉意必有不能默然而過者故誌之且時至春秋賢人君子無搘荷天（猶註果于忘世用意）下之志往往伏而不出名山大川間必有湮沒沉淪而世莫得而見者不謂聞亦往來都市寄跡人寰與苞道濟世者適相值而求其姓氏卒不可得僅得親所負之物而目之以想見徜徉之意態云若夫子之擊磬于衛也衛雖旅舍哉固已居然孔氏之門矣（先落孔氏之門趣別）當是時問有遂館而禮承者乎曰無有問有造廬而晉接者乎曰無有問有所為觸于目感于耳殷然過訪於門墻者乎亦無有然而

有過焉者矣繫何人繫何人相傳為荷蕢者夫荷蕢不知何如人

約畧荷蕢身分以下一嘆一諷兩層俱到

大約偃蹇不[illegible]之世接猶未能平其心而為事物是非相感發

是姑托於蕢而逃焉者也吾聞淇水以北百泉以南往往多高人

達士焉如考槃之賢者簡兮之碩人詠迹蜷跦其趣一也之人者

淡宕

里居莫識姓氏弗彰托于蕢隱又一奇矣何衛之多隱君子耶雖

為過門作波折寫荷蕢

然、士之隱逸者衆矣彼荷蕢固無足怪但令其自放于高山之巔

亦下是全無心人

夫河之側侶魚蝦而友麋鹿則月不覩風塵之色耳不聆匡濟之

聲長為幽人以沒世矣奈何以甚不偉者偏使之相值又貿貿然

季[illegible]就孔氏之門作展拓緣不依二句題

而過孔氏之門也夫孔氏之門亦致足樂矣稍畧囊昔佩先王其言

論甚古民為胞物為與其度量甚曠一時從遊之上皆棲棲濟世才其衣冠劍佩甚都即聞風者猶將以不獲一過為憾烏有過其門而不思入其室者乎況當日者門以內逸響方傳門以外餘音未絕吾不知荷蕢過之將飄然遠逝付之罔聞耶抑戀戀相訪流連不忍遽去耶將與世長辭浩然而不顧耶抑偶有所觸亦欲一吐其胸中之奇耶然荷蕢方嫌獨于門外則亦第為門外人已爾叔固不特隱其身而并欲隱其名者也故僅以荷蕢傳

空中縹緲煙雨迷離

一洗荷世道荷人心借徑空中搖漾與下意隱隱相涵其文情綿邈逸氣奔騰中自有煙波瀉沱之妙此歐陽擅長技也

輕逸如芙蓉颭水。王罕皆

以秦漢氣骨作唐宋文字。纖穠絶而精悍出。軟麗去而清映來。

處處與上下文作映絡關會。正非徒寫一通高士傳也。張雲爲

有綺貫

王

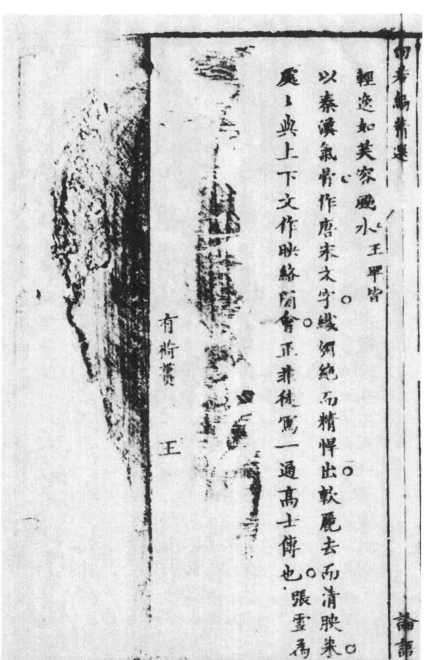

有荷蕢而　一句　　宋衡

譏過聖門者聆磬響焉益孔氏之門非隱者地也荷蕢一過遂增悲
亦剏記於擊磬之後春秋有孔氏惓惓救世孰是知心者一日寓意
從容奕奕之狀出有字使覺神氣飛動
聲落絃特門庭蕭然寂無一有獨記有荷蕢而過孔氏之門者夫君
門墻也孔氏之門咫尺也可怪者衛之君相知孔氏曾不聞一過
衛之臣明知孔氏曾不聞一過彼荷蕢者何所聞而來何所見而過
耶門內孔氏不知外有荷蕢門外荷蕢不知內有孔氏發聲一擊其
門內門外兩人俱以磬敘作介紹大奇
天假之緣歟一擊者不期有過者故擊過者不期有擊者故過有所荷
若無所荷儻所謂弛擔息肩土苴萬物者是耶非耶曰荷蕢隱姓字

嵩南儀先生正筆　[illegible]

小曰有稱僅也曰過孔氏之門相與于無相與也君子曰荷蕢何人即向荷蓧者之流亞

寫孔氏之門徑開冷寫荷蕢之過句〻有磬聲在乃知下面有心一嘆實是聖人磬聲過他說出小品中聖手也

楊西濟

有荷蕢而　門者　康熙丁未　趙炳

紀過門者而微其稱、以其終于一過而已、夫孔氏之門豈無過而聞焉者、而獨傳一荷蕢哉、意其人非荷蕢人也、嘗曠觀于古名山大川之間、往々多高人逸士焉、欲從而求之不可得、乃亦有寄迹之境、往來都邑間、迨乎既去、思其人邈不可得、即志其所托之物以代姓名焉者、若衛之荷蕢是已、春秋間衛多君子、[illegible]樂之君子、善樂北門之君子善憂、々樂之甚、詩以傳之、然亦不傳其名也、一日子擊磬于衛、憂歟樂歟、乃傳有過孔氏之門者、當是時門以內畏天而憫人者孔氏也、昔浮泗濱、今懸淇水者、孔氏之磬也、憂從

（即桃過門）（閑情却）（與有心哉扣磬）（磬次歷落）

中來依我磬聲者孔氏擊磬也夫然而鳴淵然而可思者孔氏之磬聲達于門外也往來而不絕者門外人也乃忽有一人過之欲（韻讀其有過字致）行且止徘徊而不能去也視之若有所荷也徐而察之則荷蕢者也其誠荷蕢人歟抑憤時疾俗託于蕢隱使人莫識歟不得而知也（亦以蕢以過以字以却一篇別傳）其來也何自莫知其來也其往也何歸杳不知其所之也嗟夫（過下別有情致）使荷蕢當日悠然而至默爾而去于戚下烏識所謂荷蕢者僅與（偏寫得荷蕢有抱有負有）抱布之蚩氓織絇之公子同歸泯滅耳乃意中落落不可一世之（氣色）復偶有所過觸于聲感于耳寧不一動其心一發胸中之奇乎抑展轉躊躇終欲自棄人世決然長往乎且門內之磬若人必聞之

矣數百年後之君子思其情事如或見之況身當其時者乎我念荷蕢雖欲翻然高逝與世長辭變終不能嘿爾而去也（還想有心一笑）抑春秋隱士必其姓氏者多矣翳桑之餓人絳縣之老人皆是也豈獨晨門丈人之流哉箕山許由以姓名傳終不若巢父之以巢名也（結能別趣）

言言悲出字字蒼涼何減白司馬江畔荻花王右丞渭城柳色

梅村

閒情頓宕逸韻悠揚文景文心正如梅開月上時琴音三弄意致蕭然自是向一存

有荷蕢而過孔氏之門者（下論）　趙炳

有荷蕢而過孔氏之門者　趙炳

紀過門者而微其稱，以其終於一過而已。夫孔氏之門，豈無過而問焉者，而獨傳一荷蕢哉。意其人非荷蕢人也。嘗觀千古名山大川之間，往往多高人逸士焉。欲從而求之不可得，乃亦有寄迹人境往來都邑閒，逃乎隱，知思其人，邈不可得，志所托之物以代姓名焉者，若衛之荷蕢是已。春秋間衛多君子，考槃之君子善樂，北門之君子多憂。樂之甚，詩以傳之，然亦不傳其名也。一旦子擊磬于衛，乃傳有過孔氏之門者，嘗游於門，以內畏天而憫人者，孔氏也；浮泗濱而懸淇水者，孔氏之磬也；憂從中來，依我磬聲者，孔氏擊磬也。果然而

下論　丁未　小題觀瀾

嗚咽然而可思者乎氏之一磬罄達於門外也往來而不絶者門外人
也。乃忽有一人過焉欲行且止徘徊眷戀而不能去也之若有所
荷也係而察之則荷蕢者也荷蕢則微者也其誠荷蕢人歟抑情時
疾俗託于蕢隱使人莫識歟不得而知也其來也何自莫知其和也
其行也何歸耆不知其所之也嗟夫使荷蕢當日悠然而逝默然而
去千載下焉識所謂荷蕢者僅與抱布之蚩氓織約之公子同歸泯
滅耳乃意中落落不可一世之懷偶有所遇觸于聲感于耳矣寧不
一動其心一發胸中之奇乎於展轉躊躇終欲自棄人世决然長往
乎。且門外之聲若人之必聞之矣數百年後之君子思其情事女蕤見

也。況身當其時者乎。我知荷蕢雖欲翻然高逝。與世長辭。度亦不能默爾而去也。抑春秋隱士。忘其姓氏者多。若翳桑之餓人。絳縣之老人。皆是也。豈獨晨門丈人之流哉。箕山許由。以姓名傳。終不若巢父之以巢名也。（結饒別趣）

人只做得有字者字極高隱。荷蕢極家常。過門極閒冷。如是而已。此却句句有孔氏磬聲在。總逼得荷蕢者不得不開口。總兩面生動。不墮枯寂。此亦是倚上起下法也。

第十一冊　卷三十三

○○有荷蕢

嵗入南靖縣學一名　蕭玉麟

誌荷蕢之有人異之也夫荷蕢也曷異乎爾而適有於子擊磬之時斯為足誌耳今以人之處世所當負荷者世道耳外此非其所係念也乃時至春秋而有荷非所荷者君子於此蓋深悲其置世道于不聞而所負荷若小也若子于衛擊磬時而有荷蕢是已嗟乎亦思衛之地何地子之時何如時而有荷蕢耶天下事惟期世濟耳當此列邦侮亂是宜聘之有人世道衰息是宜維持之乃人而且滔滔莫逭更宜砥柱之有人而有荷蕢何為也哉飄塵僕僕非所期矣而一蕢相隨抑何祇適其優游之素車馬之去

所計矣而一荷勿弛抑何遽安乎淡漠之天彼荷蕢者果何人
哉雖然是荷蕢之有心也吾為之悲其遇而原其情焉當舉世波扈
之中誰復矯然而立異而茲獨是任是負埋姓字于源泉淇水（自高生致不寂寞處）
區一若人醉我醒人濁我清而姑以一荷之輕自明素念憤一時
之憤憤而載歌十畝之閒閒此則其貞操之有足述者也雖世運將轉
之時當思挾持之有具而茲偏若忘若遺獨往來于濮上楚卿之
際一若理亂不知黜陟不聞而惟是一蕢之微聊堪終古任世途
之變易總不移本性之孤高此則其苦節之不可貞者也然則荷
蕢之有也亦自成其為荷蕢者耳或曰古有以沉淵洗耳稱矣荷

蕢殆其倫耶。然而彼已逢明聖。猶然高蹈。荷蕢則已無其時。然則君記乎有荷蕢則以子之擊磬于衛而適有是人而記之也。蠅附驥尾而飛遠。士得聖人而名彰。不然衛之荷蕢若多矣。當時且不知名矣。而何以千載下猶得因其所操之器以傳其人于不朽也。嗟乎荷蕢今古遠哉。

意遠神閒空際着想具有飄飄霞舉之槩

有荷蕢而　則揭

湖南習宗師歲試　雲夢縣學三名　龔世佐

過聖門而嘆者終非同心之侶也夫有心之嘆為磬聲所感耳鄙聖而誦衛風荷蕢豈真同心之侶哉嘗覌隱士與聖人始原不甚相遠後每至于相遠嘗其絲然而遇方謂感嘆甚般究之高蹈為懷初終易念以此見道途之內不少知音而荷塘之中終無同志也愈知吾夫子之擊磬也傳舉世之莫知念一身之難二衛多君子不啻以擊磬印友之招焉而執意欲博荷蕢之一嘆哉夫荷蕢固繫心者也心之寄託最深方寸所存如面而亦不同其致乃淡然門外然能諒其衷情豈真激流枕石之思當前不禁微動乎心之形

容靡盡百端所集匪緊而何可以茹乃儼爾過從遂已窮其懷抱

立真撫泥之想至此不覺漸消亦過孔門而嘆擊磬之心誰

以点爲脉妙緒勢精下

謂樵有心能知有心哉何也使荷蕢而果屬同聲固所聞而來斯

頭關實通上用意密繼

民斯世庶幾共深利濟之衷此一過也門外之子即可引為門內

之人乃荷蕢而原非同調渴所聞而去獨酬狨清方且自得泳游

設筆緊

之樂則一過也賞心之言當復易為遠心之論蓋荷蕢固無心者

之在未過以前栖泉之心事久視為徒勞而磬聲方來衷心偶觸

剛清看脈

前之言止以明擊磬之心也即方過之頃牢落之胸期曷嘗以或

懈而磬聲漸遠故見仍萌既之言殆以明荷蕢之心乎是故夫子

莫知之日即荷蕢莫知之日而此謂河清可俟彼覇流渦難回兩人之所見雖一室衛之隔而也非徊道左而鄙夷之念日之積生衛蕢欲已之時正夫子不已之時而此且溯洄以從彼且褰裳以避兩人之所行雖歷久一如行路也鄭蹈中途而規諷之言何能終默敢鄙聖人有樂由薄堯舜之風能誦衛詩或賢者從伶官而遂蓋荷蕢固無心者也噫子遇合隨時轉移自我在斯人為深厲淺揭在夫子亦為用行舍藏磋子之誰適自形其鄙耳語有之過我門而不入我室其荷蕢之謂乎

揔將有心哉句翻轉在荷蕢身上生情便已打通兩節鍊句鍊揭一片神行具見良工心苦　金松良

直省考卷小題風集　論語

有業屨於牖上　華希閔

因無而志其有其為物甚微也夫使牖上之屨常在此何足記曰有云者由後而追憶之詞也當閩愓藏誨盜意天下之物其皆宜藏不宜露者乎然亦有不必藏不宜藏不暇藏者隨其便而置之（為中三比作伏筆）似亦可無意外之虞矣一如孟子館滕之上宮吾意斯時也滕之君欲謀創業則倒屣而迎者有之滕之士欲從請業則奉屨而前者有之何寂寂無有也第傳當日有業屨於牖上一事夫織屨者齊士之廉上宮非於陵也何以有此屨也（照從者）捆屨者楚人之詐許行尚未來也誰欲有此屨也籯縢屨屩作客者方有決踵之嘆資粮扉

屨樂業者正為適足之謀其巧相值哉而頓不藏之宮中而置之
牖上者何居吾知之矣命屨功屨其為貴者之需乃謹在笥之義
耳茲不過芒屩之屬何勞為什襲之珍故曰不必藏也（分應起講）且巨屨小
屨非欲韞匵而藏固將求賈而沽耳置諸耳目之前或可致往來
之問故曰不宜藏也況其為屨也雖功緒之可稽而形模粗定實
約總之未備而體製猶疎以將成未成之物措之不內不外之間（語語工切）
旣可作而可鞿亦何忌而何猜故曰不服藏也（照館乎上宮）且是業屨也其或
方欲成之適有嘉賓滋止未遑卒業也（過下竅）未可知其或初未嘗為適
欲售與行人忘就其業也未可知其或牖上為常置之地忘其館

吾室者有多人也遂茫然而置之未可知其或牖上為不當置之地而以為館吾室者必夫子也泰然而置之未可知孰意其求之弗得哉。

若不照會上下文發論縱極點綴出色畢竟不得題竅但取全旨而于屨字少波瀾數佐又枯寂無生發也惟此而擅其妙　張魯璵

通首文字俱從下面生來納須彌于芥子更能以一粒粟幻出大千世界者耶　張履安

有業屨於牖上　二句

口蘇張學院月課
丹陽縣學一名　彭澤令

物方有而忽失、一致疑之端也、夫以屨之求而弗得、而因志其有焉者之無可疑也、則亦愈可疑也、且以物之甚不足重者而有時頓易其有亡故、以事之至無足齒者而有時可恚其本來、如孟子之滕而館于上宮、斯時也以客舍之清嚴寧謐他族寔逼處此、自孟子與其徒而外則惟是館人焉給埽除之役而供扉屨之需耳

後下句逆入筆力陡峭

無何而館人者態則皇然意則卿然何也曰是嘗有業屨于牖上、夫是屨也亦何足言有截器祗屬芒蹻之末、則以貴人甫至而擬其業者敢總以捆織之勤、形未睹絢繶之完、則雖內戶弗爲紛紛

紀置於下

之牖者何計夫緘縢之固故有之亦無堪置意耳而乃忽志其育
者則以館人求之〻故蓋凡天下之物其有之而無事於求者正
○轉○洪○宗○之○將○得○中○細○寫○上○句○
習焉而若忘也至於延以相索而深憾夫功緒之已虛則將貿歷
○是○業○屨○
據其微勞以為惜者乃并其端委之數而如可盡而稽也情也抑
求之而旋見為有者仍置焉而若棄也至于莊無所追而還懷夫
○是○于○牖○上○
位置之非偶則將有羅陳其故處以為信者乃并其高下之形而
皆可覆而按也情也則以揣夫當日館人之求之若曰固明〻有
○有○廢○究○在○　○纂○情○追○育○
此業屨者夫亦羿目之矣而今安在也且明〻有之牖上者無復
別精爾矣而今安徙也夫以業之甚細何至廼為水火之攖而以

嘗之未移寧頎叩諸杳冥之地人失之亦又得之耳而刁弗得焉
者物有主名亦從乎求之者而為之稱也要此非所謂物之不足
重而事之無足齒者乎或以疑從者之蓼滿矣
極瑣屑事逆來乃如許雋永此為真讀書人手意艾東鄉每云
胸中有書筆下無書此二言惟吾晋函乃可與語外間掇拾餖
飣陵獵經與史禮雜湊筵鬞盡離言之矣

有業屨於牖上　　龔沛

物有賤而置之者其有也亦微矣蓋屨賤物也未成而置之于牖豈其有足多乎嘗思士之托業苟高出于尋常之上豈有或作或輟舍業而嬉者哉不謂覊旅所遺乃有技不必其貴功不必其勤其托業殆殊而覊旅者偏巧為之值也一說在孟子館滕而有業屨於牖上之事素餐者君子所耻則當稅駕他邦必有惜緒宗周之忘而豈蕭蕭之織屨復為別業之圖無功者君子不屑則值淹留人國當存袞職有闕之思而筆澈蹤經綸至忠風業之大頭何以觀其牖而有緒之將終者既非緇衣之宜緇衣之好表技贈于往來

甚妙

借狀推切

風雅

問其業而見工之未攻者復非柬帛之文什襲之珍致幣交于旅館爰稽其時有遺之牖上而去者厥惟業屨云夫屨微物也士君子冠則加首屨則加足其微可知乃不知大小而為之難或需于市亦惟賤是諱已耳況其業未成寧等如貫之三倍業屨賤技也古之人庸有重籍門無二屨技寧足貴乃或總五兩而成之難不至為賁亦懸殤是驚已耳況其業未就豈同珠屨之三千聞之於陵廉士嘗偕其室為織屨之勞此自安家食則然乎乃今也牖有業屨意者懼見絕于大賢故不遑以卒業者遠承繞風于仲子又聞荊楚之異學曾率其徒為捆屨之務此亦自食其力應爾乎乃今